本书由北京印刷学院北印学者、北印英才选拔与培养办法资助

全媒体出版与互动传播商业模式

崔恒勇　著

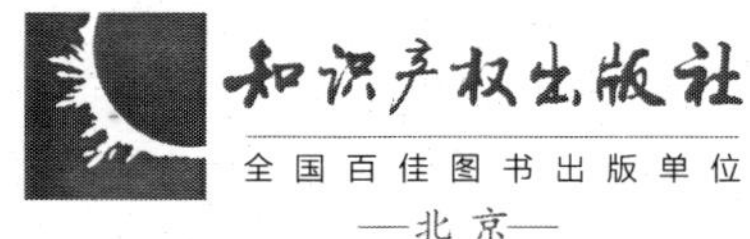

图书在版编目（CIP）数据

全媒体出版与互动传播商业模式 / 崔恒勇著 . —北京：知识产权出版社，2019.12
ISBN 978-7-5130-6570-2

Ⅰ . ①全… Ⅱ . ①崔… Ⅲ . ①传播媒介—关系—出版工作—研究
Ⅳ . ① G206.2 ② G23

中国版本图书馆 CIP 数据核字（2019）第 251088 号

内容提要

本书结合近年来传媒行业的相关案例以及心理学、社会学、传播学的相关专业知识，对全媒体出版平台的理想型建构、全媒体出版的媒介矩阵、全媒体出版的品牌战略以及全媒体出版与互动传播的商业模式进行了详细的说明和分析。

责任编辑：徐　凡　　　　**责任印制**：孙婷婷

全媒体出版与互动传播商业模式

QUANMEITI CHUBAN YU HUDONG CHUANBO SHANGYE MOSHI

崔恒勇　著

出版发行：知识产权出版社有限责任公司	**网　　址**：http：//www. ipph. cn
电　　话：010–82004826	http：//www. laichushu. com
社　　址：北京市海淀区气象路 50 号院	**邮　　编**：100081
责编电话：010–82000860 转 8363	**责编邮箱**：laichushu@cnipr. com
发行电话：010–82000860 转 8101	**发行传真**：010–82000893
印　　刷：北京中献拓方科技发展有限公司	**经　　销**：各大网上书店、新华书店及相关专业书店
开　　本：720mm × 960mm　1/16	**印　　张**：12.75
版　　次：2019 年 12 月第 1 版	**印　　次**：2019 年 12 月第 1 次印刷
字　　数：155 千字	**定　　价**：55.00 元

ISBN 978-7-5130-6570-2

前　言

在互联网技术和数字技术蓬勃发展的时代，传统的传媒业也在互联网思维的冲击中逐渐获得新生，开始由传统的出版向全媒体出版转型。在经历了传统出版时代、数字化出版时代及跨媒体出版时代之后，全媒体出版以其多样的出版形式、矩阵化的传播媒介等优势，正开启新的出版传媒时代。

互联网时代，技术的不断发展使传统的出版业经历了断崖式的下跌。随着4G的普及和5G时代的到来，人们获得信息的时间越来越短、内容越来越多，传统的出版流程已经不再适应互联网思维下的受众，传统的纸质图书、报纸期刊在互联网浪潮下挣扎着进行变革——创作适合网络传播的内容、引进先进的技术、精准定位受众，将传统的出版一步一步与数字化时代接轨，再不断整合各个媒体的优势向全媒体时代迈进。

根据国家新闻出版广电总局与中国新闻出版研究院制作的《2017年新闻出版业统计快报》数据显示，2017年全国出版图书52.8万种，图书总印数达90亿册，图书零售市场总规模达到803.2亿元。《2016—2017中国数字出版产业年度报告》中显示，在2016年，中国数字出版业的收入总规模达到5720.85

亿元。随着互联网的发展和文化产业比重的不断上升，全媒体出版时代将会带来更高的社会价值。

对全媒体出版进行系统的研究，其意义与作用在于明确出版的发展历程、研究现状以及未来发展的趋势，让全媒体出版有迹可循，并为出版产业及传媒产业在互联网时代实现转型、创造更高的社会价值提供可供参考的理论依据。

本书着眼于互联网思维下的全媒体时代，对全媒体出版进行了细致的研究。笔者在写作过程中结合近年来传媒行业的相关案例以及心理学、社会学、传播学的相关专业知识，对全媒体出版平台的理想型建构、全媒体出版的媒介矩阵、全媒体出版的品牌战略以及全媒体出版与互动传播的商业模式四个部分进行了详细的说明和分析，为大数据整合、算法分发、社群价值、IP 开发和平台建构以及传媒行业即将迎来的全媒体出版提供了相关的理论依据和商业模式，力求实用。

北京印刷学院的魏超教授以及裴萌琪、彭毓姬、牛嘉慧、张旭彤、贾雪楠等老师对本书的编撰给予了巨大的帮助，在此致以衷心的感谢。

本书编写耗时较长，在此过程中必然会出现一些全媒体出版的新动态，书中如有疏漏或不当之处，热切希望读者予以批评指正，笔者将在今后的修订中尽力完善。

崔恒勇

目　录

第一章　全媒体出版概述

随着互联网的蓬勃发展以及高新技术的层出不穷，各行各业都呈现出不同的发展态势，出版行业也不例外。作为传统行业，出版行业如何在互联网浪潮中重获新生、创造更多的社会价值是我们需要思考的问题。因此，重新用互联网思维审视全媒体出版的发展走向显得尤为必要。本章将从全媒体出版的界定、发展脉络以及研究现状三个方面来做一个简单的概述。

第一节　全媒体出版的界定

互联网的蓬勃发展对传统行业的冲击与颠覆日趋明显，从通信业到金融业、从物流业到传媒业，人们越来越深刻地体会到互联网时代带来的变化。在互联网技术与数字技术所支撑的新媒体行业日新月异的今天，出版传媒业也像其他传统行业一样，在经历互联网行业冲击的同时也在尝试着以互联网思维来顺应时代发展的步伐，对自我进行重新审视与变革。

“出版”和“媒介”是全媒体出版过程中必不可少的两个元素，在对全媒体出版进行界定之前，我们有必要先了解一下“出版”与“媒介”的概念。

一、出版的概念界定

出版是传承文化、传递知识、传播先进思想的重要载体。对于出版概念的界定，在每一个时期、每一个国家，甚至是每一个学者，都有着不同的认识。综合来看，有五种说法在学术界中影响较大，即“编辑复制（印刷）”二要素说，“复制发行”二要素说，“编辑、复制和发行（传播）”三要素说，“公之于众”说，“传播”说。下面我们将逐一详解。

（一）“编辑复制（印刷）”二要素说

“编辑复制（印刷）”二要素说是从出版物的角度来谈出版所做的工作。这一说法是我国最早的对于出版概念的理解，主要见于一些比较大型的汉语词典中。《辞海》中将“出版”一词解释为“把著作物编印成为图书报刊的工作”[1]。《汉语大字典》中将“出版”定义为“把书刊、图画等编印出来”[2]。《现代汉语词典》在此基础上又对其作了补充，认为出版是“把书刊、图画、音像制品等编印出来或制作出来向公众发行”[3]。赵晓恩主编的《出版词典》中主

[1] 辞海编委会 . 辞海（缩印本）[M]. 上海：上海辞书出版社，1980：1094.

[2] 汉语大字典编委会 . 汉语大字典 [M]. 武汉：湖北辞书出版社，成都：四川辞书出版社，1988：5.

[3] 中国社会科学院语言研究所词典编辑室 . 现代汉语词典 [M]. 北京：商务印书馆，2005：181.

张："凡将文字、图画或其他符号印刷到纸上，或把它们印成为图书报刊的工作，都称为出版。"❶

这个类型的定义重点突出的是"编辑"和"复制"两个环节在出版活动中的核心地位，并且将"印刷"也纳入出版的范畴之内。这种界定虽然具有一定的合理性，但也存在某种局限。这种说法没有考虑到整个出版活动过程中远不止"编辑"和"复制"这两个环节，还包含着其他重要内容。另外，在对"出版"定义的描述中，将"出版物"只局限于"著作物""书刊、图画""唱片、音像磁带"等这些狭小的范围之中，忽略了网络时代的海量信息，没有意识到越来越多的内容制造者都可以生产"出版物"。

（二）"复制发行"二要素说

"复制发行"二要素说相较于"编辑复制"二要素说，缺少了出版的制作环节，增加了出版的目的。这种说法主要见于国际上一些权威的法律条文及词典当中。例如：《世界版权公约》（1971 年巴黎修订本）中第六条规定，"本公约所用'出版'一词，系指以有形形式复制，并向公众发行的能够阅读或可看到的作品复制品"❷。《罗马公约》中规定，"出版是指以物质的形式复制和向公众提供可以阅读和通过视觉知悉的作品的复制品"❸。《牛津英语大词典》（1989 年版第 12 卷）将"出版"解释为"发行或向公众提供用抄写、印刷或其

❶ 赵晓恩．出版词典 [M]. 北京：中国书籍出版社，1991（3）：8.

❷ 林穗芳．关于《世界版权公约》"出版"定义的译法问题 [J]. 出版参考，2002（7）：20-22.

❸ 李新祥．出版类型的定义分析与出版本质的界定 [J]. 浙江传媒学院学报，2006（2）：30-33.

他任何方法复制的书籍、地图、版画、照片、歌篇或其他作品”❶。《中华人民共和国著作权法》第五十八条也对“出版”概念做出了说明，简单、明确地将其规定为“指作品的复制、发行”。

这个类型的定义忽略了“编辑”的环节，只是将“复制”和“发行”纳入出版活动的构成要素中。总的来说，就是将出版生产化，而弱化了人为的参与。

（三）“编辑、复制和发行（传播）”三要素说

“编辑、复制和发行（传播）”三要素说其实是对前两种要素说法的综合，体现了出版过程中必不可少的三个环节。对于这类型出版概念的界定，学者们在自己的学术作品中对其解释得更加详细、丰富一些：《出版词典》（边春光主编）中将“出版”解释为“现代的出版包括编辑加工、复制、发行三个方面”，并进一步解释为“出版机构有目的地接受来自社会上的各种有价值的信息，审定和加工整理后，通过出版生产手段使其附以不同形式的物质载体，再通过流通渠道，传播于社会即为出版”❷。阙道隆在《实用编辑学》中说，“出版是指出版机构根据一定的方针和计划，选择、整理人类思维成果和资料，通过出版生产赋予它们一定的物质形态，然后向社会传播”❸。彭建炎在《出版学概论》中将“出版”定义为“选择、整理著作物，通过一定生产方式将其复制在特定载体上，并以出版物的形态向社会传播的一系列行为”❹。

❶ 林穗芳．做好编辑学理论研究的奠基工作 [J]. 编辑学刊，1995（6）：34-36.

❷ 李新祥．出版定义的类型研究 [J]. 出版科学，2011（1）：43-48.

❸ 阙道隆．实用编辑学 [M]. 北京：中国书籍出版社，1985：17.

❹ 彭建炎．出版学概论 [M]. 长春：吉林大学出版社，1992：8.

这个类型的定义是将“编辑”“复制”和“发行”或者“传播”作为出版的构成要素，但准确来说，“传播”要比“发行”的涵盖范围更广、意蕴更深，“发行”侧重于形式上的分享，而“传播”则强调内容的共享。

（四）“公之于众”说

追溯到出版的起源，“公之于众”说其实一直是西方国家所强调的出版的概念，后来也为我国学者在理解出版的定义中提供了借鉴和参考。这一说法说明了出版的本质，首次将出版行为和受众结合在了一起。其中，主要的代表性概念阐释有：美国 1976 年的《世界图书百科全书》中对出版的界定是“出版就是把人们富有想象力的创作经过编辑和加工，并由印刷厂印刷成文字和图片公之于众的活动”。苗遂奇在《出版传播的人文内涵与意蕴释读》中把“出版”界定为“通过出版媒介将所载内容公之于众的行为，出版传播实际上就是依赖出版媒介进行的信息、知识的传播行为”[1]。杨晓鸣在《出版是什么》中将“出版”概括为“一切为了适应社会受众需要，以一定的方式将作品公之于众的活动”[2]。

这个类型的定义都强调“公之于众”，也就是要面向公众进行传播。从向公众传播这方面来讲，它所包含的社会行为的范围很大，其范畴要远大于出版的行为。“公之于众”只是出版的目的，在此之前，还有一系列的出版活动环节，因此并不能将出版的含义简单地归纳为此。

[1] 苗遂奇．出版传播的人文内涵与意蕴释读 [J]. 湖南社会科学，2004（1）：10-12.

[2] 杨晓鸣．出版是什么 [J]. 出版科学，2001（3）：25-26.

（五）“传播”说

“传播”说突出强调了出版的目的，将出版行为看作一种文化的传播、一种知识信息的传播、一种打破时空限制的传播。这种出版概念的说法，已经不仅仅是把出版局限在传统印象中印刷出版的概念理解当中，它所包含的出版行为是很广泛的。

施勇勤在《出版要素构成分析》中总结道：“出版是对人类精神活动的创造成果进行选择、加工和设计，通过载体的形式，面向社会公众进行有偿传播的一种社会经济文化活动。”[1] 易图强在《出版学概论》中指出：“将出版物公之于众，即广泛地向受众（读者）传播，可以说是出版内涵中最关键的内容。在市场经济时代，将出版物广泛地向社会传播，实现利润最大化，更是出版内涵中的应有之义。”[2]

这个类型的定义是站在传播的角度去界定“出版”的，从本质上来讲和“公之于众”有很大的相似性，突出强调出版的目的是进行传播。我们今天对“出版”的界定，主要是在传播的视野下进行理解的，但同时也不能忽视出版过程中其他的要素和环节。

二、媒介的概念界定

如果说出版最终的目的是为了传播的话，那么媒介就是实现这一目的必不可少的中枢纽带。媒介作为信息内容的重要载体，在出版、传播的过程中发挥

[1] 施勇勤．出版要素构成分析 [J]. 编辑学刊，2001（2）：18-19.

[2] 易图强．出版学概论 [M]. 长沙：湖南师范大学出版社，2008：3，6，5.

着无可替代的承载和传递作用，深刻了解媒介的概念显得尤为必要。关于媒介的概念，学术界中同样存在多种观点，下面我们将主要介绍延伸论、进化论、技术论、信息论、传播论这五种观点。

（一）媒介延伸论

加拿大学者麦克卢汉在《理解媒介：论人的延伸》中提出“媒介即人的延伸”的概念，他认为，任何媒介都不外乎是人的感觉和感官的扩展或延伸：文字和印刷媒介是人的视觉能力的延伸，广播是人的听觉能力的延伸，电视则是人的视觉、听觉和触觉能力的综合延伸，交通工具是人的腿脚运动能力的延伸，衣服是人的皮肤的延伸。麦克卢汉指出，“一切媒介都是人的延伸，是对人器官、感官的强化和放大”。他所强调的媒介概念是广义的，不仅包括语言、文字、印刷物、电信和广播电视，还包括各种交通运输工具，甚至服装、住宅、货币等，任何能够延伸人体功能的事物，都在他的媒介范畴之内❶。

由此看来，只要是能让人与外界产生某种联系、发生某种关系的物质都可以被看作“媒介”，从这个角度来看，“媒介”的外延是很广泛的。在使用媒介时，人的感觉平衡被打破，为了找回平衡状态，人类会不停地改进自己的媒介技术，从而推动媒介的不断更新与发展。作为人的延伸的媒介，在不同角度、不同层面上改变了人的关系与活动，对人类社会的发展也产生了很大的影响。

❶　郭庆光．传播学教程 [M]. 北京：中国人民大学出版社，2011：88.

（二）媒介进化论

媒介总是在不断进化的，保罗·莱文森在《人类历程回顾：媒介进化理论》中提出了媒介演变的人性化趋势理论和补偿性媒介理论。人性化趋势理论突出强调了人在媒介进化过程中起着至关重要的作用，人作为一种社会性的动物是具有主观能动性的。随着技术和社会的不断发展和演进，人的需求也在不断地发生变化，作为人的延伸的媒介就是在满足人类需求的过程中获得补充和改善的。也就是说，新媒介的出现其实是对旧有媒介的补救，弥补其缺失的东西，如广播是对报纸的补救，电视是对广播的补救，互联网是对报纸、广播、电视等媒介的综合性补救，媒介的演化过程可以看作媒介自我补偿的过程。

如今，互联网的蓬勃发展催生了新技术的不断涌现，大数据、云计算、人工智能、虚拟现实等高新技术在媒介中的应用，其实都是顺应了人性化趋势而实现的媒介进化，它们遵循媒介进化规律，以用户为中心，进行精准定位与传播，从而满足不断变化的多维度的用户需求。因此，从媒介进化的角度来说，媒介融合的趋势、走向满足了以用户需求为主的人性化趋势。

（三）媒介技术论

在《关键概念：传播与文化研究辞典》中，约翰·费斯克将“媒介”定义为“一种能使传播活动得以发生的中介性公共机构（Agency）。具体说，媒介就是拓展传播渠道、扩大传播范围或提高传播速度的一项科技发展。广义上讲，说话、写作、姿态、表情、服饰、表演等，都可以被视为传播媒介。每一种媒介都能通过一条信道或各种信道传送符码。这一术语的这种用法正在淡化，如今它越来越被定义为技术性媒介，特别是大众媒介。有时它用来指涉传播方式（比如是用'印刷媒介还是广播媒介'），但更常用于指涉使这些方式成为现实的技术形式（比如收音机、电视机、报纸、书籍、照片、影片与唱片）"❶。

这一概念将"媒介"与"技术"联系在了一起，从技术层面上界定了"媒介"。媒介的发展离不开技术的支撑，正是有了技术的进步和发展，媒介的功能才会不断地被提升和改善。在当前社会中，精准传播的大数据、智能服务的技术、沉浸体验的 VR 技术等，各种高新技术在媒介中的应用，决定了媒介个性化内容的生产，改变了信息传播的传统模式。

（四）媒介信息论

麦克卢汉站在社会这一宏观的角度，高度概括了媒介在人类社会发展中的地位和作用，提出了"媒介即信息"的概念，即媒介本身才是真正有意义的信息。从这个角度来理解，媒介的每一次创新和发展，都会使得信息传播的方式发生改变，不管媒介传播的内容是什么，其本身就在改变人们的思维方式和生活方式，并引发某种巨大的社会变革。媒介的发展决定并限制了人类交往活动的空间规模，以及人类生存环境的形态，新媒介的出现，将会创造出人类生存的新环境。"媒介信息论"开创了一种全新的研究媒介的视角，从媒介自身的角度去理解，媒介本身作为一种信息，具有无限的潜力和价值。

放眼如今快速迭代的移动互联网时代，新媒体形式层出不穷，无论是多屏互动的融媒体还是社群营销的自媒体，不同的媒介平台所产生的内容形式以及

❶　梁之磊，孟庆春．"媒介"概念的演变 [J]. 中国科技术语，2013（3）：60-62.

方法也有所不同，每一种新的媒介都在改变着我们过去的思维方式和行为习惯，人们常说的“互联网改变生活”“围观改变中国”等，都印证了“媒介即信息”这一理论的正确性。

（五）媒介传播论

杨鹏在《厘清“媒介”概念　规范学术用语——兼及“媒体”“新闻媒介”等概念的辨析》中，从信息传播的角度考虑，将“传播媒介”定义为“处于信息传送者（简称传者）和信息接受者（简称受者）之间，是用以承载、运输信息的工具，如信函、报刊、电话、电视等”❶。从这个角度来看，媒介起着中间桥梁的作用，服务于信息传播。李玮、谢娟在《“媒介”“媒体”及其延伸概念的辨析与规范》一文中，从大众传播学角度对“媒介”的内涵做出理解，认为：①媒介“指传递信息的手段、方式，如语言、文字、声音、图像等”；②媒介“指传递信息的载体和样式，如报刊、杂志、广播、电视、互联网络、手机等载体，以及博客、QQ 等样式”，但更应该侧重于“指专门从事信息采集、加工、制作等的社会组织和机构，如电视台、广播电台、报社、出版社、杂志社等”❷。

无论是从信息传播的角度，还是从大众传播的角度来看，媒介在传播的过程中其实都在担当着中间者的角色。在新媒体时代，媒介不仅仅是在传播信息内容，还传播着行为主体、用户、服务、品牌等。现如今，媒介形式不断地更新迭代，更是为传播注入了无限的可能与潜力。

❶ 杨鹏．厘清“媒介”概念　规范学术用语——兼及“媒体”“新闻媒介”等概念的辨析 [J]. 当代传播，2001（2）：18-20.

❷ 李玮，谢娟．“媒介”“媒体”及其延伸概念的辨析与规范 [J]. 武汉理工大学学报（社会科学版），2011，24（5）：694-699.

三、全媒体出版的概念界定

随着媒介融合的不断深入，在新的媒体环境下，需要用互联网思维去重新界定全媒体出版的概念。下面我们将结合跨媒体视角下和互联网思维下对全媒体出版的界定，来认识和把握这一的概念。

（一）跨媒体视角下全媒体出版的界定

1. 整合营销视角的全媒体出版

张勐萌在《对全媒体出版发展现状与前景的思考》一文中将“全媒体出版”界定为“全媒体出版是以图书内容为基础，通过传统纸质图书、互联网、手持阅读器、手机、数字图书馆等多渠道进行图书同步发行，将资源有效整合，覆盖到能覆盖的所有用户，实现‘一种内容、多种载体、复合出版’的目标”，强调广覆盖的复合出版。李静丽、谢雨在《全媒体出版的发展现状及问题浅析》一文中对“全媒体出版”的解释为：“所谓全媒体出版，是指出版物一方面以传统方式进行纸媒发行，另一方面以数字出版物的形式通过互联网平台、无线阅读平台以及阅读器等终端数字设备进行同步发行。对一种优秀作品，特别是预计能够成为畅销读物的作品，同时出版纸介质图书、网络版本、手机版本和手持阅读器版本，在同一时间段投放市场，实行整合式营销。”❶

从以上两个有代表性的概念界定中可以看出，最初学者们对全媒体出版下定义时更侧重于整合营销的角度，即以用户为中心进行传播，在确保传统出版

❶ 李静丽，谢雨．全媒体出版的发展现状及问题浅析 [J]. 新闻世界，2011（6）：223-224.

物发行的同时，扩宽传播渠道，调动更多的出版平台，整合多种媒体资源，为用户提供更多可选择的阅读体验。但这种概念只是强调单一内容的跨媒体出版，从营销模式的创新角度来看，其整合营销的过程中并没有摆脱传统出版营销模式的束缚，也没有改变传统出版主体的地位和性质。

2. 媒介技术形态视角下的全媒体出版

张雨晗在《全媒体出版：现状与未来》一文中，提出了媒介技术形态视角下全媒体出版的另一种定义："数字复合出版，即全媒体出版，包括多种符号（文字、语言、图形、影像）的复合，多种传播载体（印刷、光盘、网络、磁盘、集成电路）的复合，多种传媒形态（报纸、杂志、音像制品）的复合，多种显示终端（计算机、阅读器、移动电话）的复合，以及多种制作技术的复合等，也包含传统出版全流程数字化，并生成各种传统出版载体需要的形式和格式。"❶

以媒介技术形态的视角谈全媒体出版的概念，实质上是就其传播途径和传播介质而言的，即将全媒体出版看作是一种媒介形态的复合。全媒体出版是媒介融合下的产物，通过多种层次方式的传播形态，为用户提供更细分、更多维、更丰富的媒体体验。这种概念界定其实也只是强调以多媒体形态进行传播，其各自的功能优势并没有被完全挖掘，整个媒介之间没有互动性的联系，媒介矩阵的框架还没有搭建起来。

虽然这两种概念的界定视角不同，但它们实际上都肯定了全媒体出版的出版本质，将其定义为一种全新的出版模式。只是，这两种观点对出版的主体、

❶ 张雨晗．全媒体出版：现状与未来 [J]. 现代出版，2011（2）：14-17.

内容以及对象的认识都还没有跳出传统出版模式的思维局限，忽略了在媒介融合下全媒体出版所表现出来的内涵和价值。因此，我们必须站在互联网发展的全局高度，运用互联网思维重新界定全媒体出版的概念。

（二）互联网思维下全媒体出版的界定

1. 以用户为中心

互联网为信息传播提供了便利，最大限度地消除了信息流通的不对称，使得消费主体的买方市场真正到来。互联网思维带给全媒体出版业乃至整个传媒业最大的影响则是真正做到“用户至上”，以用户体验作为重要参照标准，全方位地落实双向平等互动，让用户参与到产品和品牌的建设中，满足用户的参与感和存在感，而非以往“高高在上”地单向推销自己的产品。互联网时代新媒体的发展也使得全方位全时段与用户互动沟通变为现实，移动互联网时代中社会机器改造下的“单向度人”也将在网络中重新组合成具有新属性特征的部落，而媒体尤其是网络媒体则将成为连接组织部落成员的有效平台。这对于全媒体出版而言是一次自我颠覆，同时更是一次涅槃重生。以用户为中心、满足同类属性用户群体的多维化需求、提高用户的黏合度，是全媒体出版模式的首要发展目标。

2. 以大数据为前提

大数据技术是新互联网时代的重要技术资源，也是改变现有商业模式的重要技术基础。从当今我国的主要网络巨头的投入分布来看，大数据已然成为今后一段时间的主要增长市场。对于全媒体出版而言，打通平台内各个功能媒体间的通路，健全多维度数据入口，建立与之相适应的实时大数据收集与分析系统，不仅能快速有效地收集用户反馈等信息，精确研判用户需求趋势，而且能为顶层设计、统一策划出版内容和设置相关配套服务提供精确的数据，同时也能为用户价值的深入挖掘与增值服务提供客观有效的数据支持。

3. 以媒体矩阵为保障

全媒体出版的优势不仅体现在多介质呈现出版品内容上，而且更应体现在全媒体出版平台所建立的满足同类属性的用户群体多维度需求的“拟态环境”建构上，多维度多功能的媒介所形成的媒体矩阵不仅满足了用户的娱乐、社交、自我展示等多方面的需求，同时也为内容的传播提供了立体化多维度的媒体环境和数据入口。媒体矩阵在满足多介质呈现出版内容的同时也满足了PRAC法则要求，为全媒体出版的平台管理（P）、关系管理（R）、行为管理（A）、风险管理（C）等方面提供保障，在数字出版的大背景下，构建了多样化的自有渠道。全媒体出版的媒体矩阵一方面提升了与用户的互动效果，增强了用户参与感与体验感，加强了创作主体与用户的黏合度；另一方面，还为内容的生产、反馈与调整，品牌的建立与传播，持续精准的互动与营销提供了可靠有效的媒体环境。

4. 以内容+服务为核心竞争力

在互联网时代的背景下，全媒体出版的首要任务是满足具有同类属性的用户群体的多维度信息体验需求。传统出版的核心竞争力是内容创作，而媒体尤其是互联网新媒体的核心竞争力是具有互动与多感观的信息需求服务。在互联网思维下，全媒体出版应建立起围绕满足用户多维度信息体验需求的内容＋服务的跨界核心竞争力，从产品功能上分为以出版核心竞争力为主的内容类媒体出版品（如音乐、游戏、多媒体互动读物等）和以媒体核心竞争力为主的服务类媒体出版品（如优酷网、豆瓣等）。内容形式不仅要涵盖传统内容出版品，也应包括碎片化内容和微出版品（如短视频）等满足碎片化阅读和用户社交互动等需求的信息内容，为多维化服务与营销提供主题一致的多元化信息，同时也有利于用户的二次创作与互动交流，提高用户的黏合度；服务类出版品既是满足用户延伸需求的空间，也是多元化提升品牌价值的路径。服务本身就是营销，服务类媒体出版品肩负着全媒体出版建构自有渠道和用户价值深度开发的重任。

5. 以共享为原则的模块化平台

在分享与参与成为互联网主题的今天，全媒体出版平台的建立与发展应该是为满足用户多维化的需求体验形式而不断演变的过程。建立开放共享的扁平化的全媒体出版平台已然成为当今时代的期望。降低创作主体的准入门槛、提高内容的创作质量、完善用户的需求与体验方式、构建多方共赢的平台生态圈是我们建设以共享为原则的全媒体模块化平台的评判依据。现阶段，在出版业不断摸索的同时，创作者或者创作团队已经开始了媒体出版平台模块化整合的尝试。

6. 动态及时出版

全媒体出版在内容呈现方式上表现为多种介质形式，但在出版内容的生产与营销中却呈现出动态及时性。选题与策划、内容的测试与调整、微出版品的深入互动、传统出版品的制作与发行都是在数据收集与分析的全程动态化、内容生产与调试的全程动态化、互动与营销的全程动态化的基础上完成的；而内容的多介质出版策略也是在有效获得用户需求与预期的数据基础上有策略地及时出版的过程，而非固化、单向地同时出版。

综上所述，我们可以将全媒体出版的概念界定为：全媒体出版是一种以用户为中心，以大数据技术为前提，以媒体矩阵为保障，以内容 + 服务为核心竞争力，以模块化功能整合的出版平台为依托的动态及时出版模式。

第二节　全媒体出版的发展脉络

在互联网大发展与媒介融合的时代背景下，出版业也在不断地融入时代变革的浪潮中，传统出版在各种新媒介不断涌现并空前发展的冲击下正经历着艰难的转型。纵观历史发展的长河，出版业大致经历了传统出版、数字化出版、跨媒体出版、全媒体出版四个时代。

一、数字化出版时代

（一）数字化出版的内涵

1. 数字化出版的概念

数字化出版是一种利用电子信息技术、通信技术、网络技术、流媒体技术、储存技术、显示技术等现代科学技术，融合传统出版的内容，将其以数字化的形式进行出版的出版模式。

学者许春晖认为，出版数字化是指将已经正式出版的传统纸质出版物加以数字化，在网上重新出版，或打包出售数据库。数字化出版是指以数字化方式出版的出版物或出版行为，整个出版流程都在网上完成，组稿、审稿、编辑、出版、发行各个环节均通过网络进行，读者的阅读也在网上完成❶。

2. 数字化出版的类型

一般来说，数字化出版有两种基本形式：① 传统出版的数字化，也就是将纸质出版的内容以二进制代码的数字化形式进行处理，然后通过手机、互联网等载体进行网络传播；② 直接在网络上进行信息内容的编辑处理和数字化制作，然后在互联网上登载、出版或者发送到客户端，从而形成网络型读物，供多人同时在线观看、浏览、阅读和下载。

（二）数字化出版的流程

传统出版的业务流程是一个编、印、发的过程，随着数字化技术的出现，此时的出版流程已不再是传统的线性编辑出版过程，不管是对内容的制作和生产，还是在传播渠道以及出版物的形态上，都有了数字化的参与和管理。

数字化出版的流程大致可以简化为五个环节：① 内容生产，出版单位首先要看所选内容是否能在单一媒体上进行出版，然后收集所需资源，再对其进行

❶ 许春晖．期刊数字化出版的现状与发展趋势 [J]. 编辑学刊，2009（6）：24-28.

编辑加工、制作和生产；② 技术处理，运用数字化技术对内容进行数字化处理，将其转化为特定的格式，如 PDF、CAJ、HTML、EPUB 等格式；③ 媒介传输，通过一定的载体或运营商将内容传输出去，比如数据库、电信、有线、无线网络等；④ 销售平台，将内容资源通过各大平台进行销售，比如亚马逊、谷歌、苹果等；⑤ 终端输出，通过各个终端将内容输出、发行、传播，供人阅读。如 PC 机、平板电脑、手机、电子阅读器等。

数字化出版的流程是以数字化内容的生产、管理和经营为核心而具体展开的，其出版业务可以是图书，也可以是电子、影像、网络、手机等，按照需求对不同类型的业务进行出版，各个环节可以同时运作也可以分先后次序运作，并且某些环节可以省略也可以进行扩展，相较于传统的线性出版流程，有很大的灵活性。

（三）数字化出版的特点

1. 内容生产数字化

数字化出版在产品生产阶段是运用各种数字化技术，将产品的所有内容和信息以“0”和“1”组成的二进制代码的数字化形式记录和储存到光盘、磁盘等介质中，有一定的数字文件格式，通常是利用“可扩展标记语言”（Extensible Markup Language，XML）进行标引。这种数字化的内容生产，使得信息的大量储存得以实现，而且信息内容不容易被损坏，可以长期保存。

2. 管理过程数字化

数字化出版是利用数字化技术将各个出版环节中的各种信息以数字化的形式进行整理、存档和更新，管理者可以利用网络或电子工具直接对出版过程中的每个环节进行协调和控制。这种流程化、网络化、数字化的管理过程，也是对数字化出版产品组织、设计和优化的过程，不仅可以随时随地对出版的信息内容进行编辑、修改和更新，而且可以确保产品的质量。

3. 产品形态数字化

随着信息技术的发展和应用，出版产品的载体形态已不再拘泥于纸制品，利用数字化技术，将对原有信息处理后形成的二进制编码信息流通过一定的解码设备转换成人们可以感知的文字、符号、图形、图像、声音等信息之后，其载体形态既可以是在线阅读，也可以制作成各种电子书或利用其他阅读工具下载阅读。目前，数字化出版的具体产品形态主要包括数字图书、数字报纸、数字期刊、手机书、手机报、手机刊、手机音乐、数据库出版物、电子书、数字音像制品、网络出版物、网络地图、网络游戏、动漫产品等。

4. 传播渠道网络化

数字化出版产品是由能够转换成电流或电磁信号的数字流所组成的，是以光、电、磁等介质作为存储载体的，它们的传播不需要进行物质包装，也不需要通过交通运输，而是借助电流或电磁波，通过一定的网络信息系统实现传播，其传播渠道主要包括有线互联网、无线通信网和卫星网络等。这种传播方式不仅方便快捷，而且传播成本很低。

（四）数字化出版的局限性

不可否认，相较于纸质出版，数字化出版表现出了很大的优势，但相较于多维互动的媒介生态而言，数字化出版在内容生产与传播、用户的互动黏性需求等方面的局限性还是比较突出的。下面我们主要从内容和模式两个方面来进行研究。

1. 内容制式固化

在探索数字化出版模式的初期，对于内容的生产，大部分是对传统的业务流程进行了数字化的改造，在原有流程的基础上对某些出版环节进行修补和改善。也就是说，只是形式上发生了改变，即仅仅是将传统的出版物转变为数字化的形式，内容上并没有多大的差异。长此以往，内容制式会因缺乏创新而变得固化，这会使得数字化出版相较于传统出版失去竞争力。例如，电子产品有非常大的辐射，长时间进行电子阅读，很容易引起人们的视觉疲劳，对于同样的内容，人们会觉得纸质出版物比虚拟的画面更令人印象深刻，于是便会更倾向于选择传统纸质出版。

2. 出版模式单调

数字化出版的模式比较单调，对其产品的经营也只是在单一媒体上进行。在出版过程中，仅仅是考虑在单一媒体上的可行性，这会使得一种产品只能在一个固定的范围内传播，其受众面自然会比较狭窄。比如，出版社就只出版图书，报社就只经营报纸，电视台就只策划电视节目，电台就只专注于做广播等，各个媒体之间是彼此独立、互不联系的，互联网也仅仅是作为单一的“第四媒体”而存在的。这种单调的出版模式，必然不利于出版业的繁荣发展。在不断的摸索中，直到跨媒体时代的到来，各媒体之间的孤立状态才被打破，跨媒体出版为出版业带来了新的发展方向。

二、跨媒体出版时代

（一）跨媒体出版的内涵

1. 跨媒体出版的概念

跨媒体出版是以数字化技术为支撑，以内容、信息、资源为基础，以多种媒介形式为载体，有效地整合与覆盖内容资源，通过这些不同的媒体渠道，实现出版物的同步发行，从而使内容资源得到广泛的传播。简单来说，跨媒体出版就是为了满足受众的不同需求，将相同的内容在不同的媒体上同时出版的过程，强调的是“一种内容、多种载体、复合出版”。跨媒体出版使得各种媒体在发挥自身优势进行内容传播的同时，也能够借鉴其他媒体的传播形式，实现相同资源内容的共享。

2. 跨媒体出版的形式

从经营模式上来看，跨媒体出版主要表现为两种基本形式：第一，新媒体机构在内容运营上的跨媒体出版。随着新媒体不断更新与升级，其功能属性也不断地增加扩大，使得各个媒体、行业之间的距离不断缩小，逐渐联系在了一起。第二，通过传统媒体与新兴媒体之间的合作实现跨媒体出版。充分利用自身的信息资源和市场资源，开发传统媒体（图书、报纸、杂志、电视、广播）和新兴媒体（网络）市场，实现资源的优化组合。

（二）跨媒体出版的流程

从制作流程来看，跨媒体出版相较于数字化出版发生了很大的变化。其中，最大的变化就是在整个出版流程中，数字化出版只需要考虑单一媒体的性质，而跨媒体出版则要考虑不同媒体的属性。跨媒体出版是把内容相继出版到不同的媒体上，考虑的是多个媒体的属性，它的每个环节都要贯穿跨媒体的思想，出版单位要看的是所选内容是否能在多个媒体上进行出版，然后收集整合多个媒体所需的资源，再对其进行编辑加工、制作和生产，最后发行。

跨媒体出版要以现代数字技术、计算机技术、网络技术为支撑，允许作者、内容、市场等出版资源被多种媒体所共享，从而实现节约出版生产的成本、提高市场收益的效果和目标。而要实现内容资源在多种媒体上的共享，首先，这些待出版资源（视频、音频、文本、图形、图像等）需要有统一的标识；然后，要将其转换成相同的格式文件，并将其输入到内容管理系统之中；最后，根据需要，进一步加工处理并输出为 XML 文件、HTML 文件、PS 文件等，将其分别发布到 WAP 手机、PC（个人计算机）、PDA（个人数字助理）、纸质印刷品和其他综合应用渠道。

（三）跨媒体出版的特点

1. 内容生产个性化

跨媒体出版运用数字化技术，实现了图形、图像、文本、音频、视频等多种媒体格式向一种格式的转换，将数字化内容链接、整合起来，使得内容的表现形式更加丰富。而随着内容呈现方式更加多元，受众的需求也日趋多样化，为了满足受众的不同需求，出版商则要实现内容的个性化。跨媒体出版的内容生产不仅能够适应多种媒介载体，如手机、电脑、电视机、收音机等，还能够满足受众的“定制”需求，如按需印刷（POD）、视频点播（VOD）等，做到了内容的个性化生产。

2. 内容传播跨媒体化

跨媒体出版追求的是一次创建，多次出版。也就是说对于已创建的原始内容，不必经过二次加工，便可以发布到不同的媒体上，进行多次使用。不同的媒体有着不同的格式，要将相同的内容发布到多种媒体上而不受其格式的限制，则需要一定技术的支撑。XML、XLL、XLink、PDF、CSS、CMS、DAM、DRM等一系列相关技术的进步与应用，推动了跨媒体出版的发展，从而使得内容传播的跨媒体化得以实现。这样不仅方便各种媒体对内容进行修改和升级，还有效地降低了出版的成本。

3. 产品经营品牌化

在跨媒体出版的阶段，我国的出版业已经开始走向品牌竞争的新道路，跨媒体出版和品牌经营紧密地联系在了一起。跨媒体出版的产品经营品牌化，就是利用原有的已经获得成功的品牌优势，在此基础上推出新的产品，使其在投入市场之初就有一定的品牌支持。例如，故宫 IP 在近几年的发展中就有效利用了故宫品牌原有的知名度，推出了一系列文创品牌、彩妆品牌、故宫咖啡店等，都获得了不少受众的喜爱。跨媒体出版将已经成熟的品牌运用到其经营中，这样不仅可以使新产品迅速适应市场，还可以强化原有品牌。

（四）跨媒体出版的局限性

跨媒体出版以全新的出版理念，使得出版业发生了很大的变化。其不受时间、空间限制的出版理念，使得用户可以根据自己的习惯方便快捷地获取信息资源。不过跨媒体出版在表现出很大优势的同时也存在着一些问题，下面我们将从三方面来分析其局限性。

1. 介质转换局限

跨媒体出版是将同一内容在不同介质上进行出版，虽然实现了信息资源在不同媒体之间的转换，但是其数字媒体的特性并没有得到充分的挖掘。跨媒体出版仅仅是把不同的媒体简单地连接到了一起，并没能将媒体各自的优势糅合在一起，资源没有得到有效的整合。跨媒体出版也没有在已有资源的基础上重新制定新的文体形式，没有统一的格式标准，介质转换过程中存在着一定的问题。

2. 内容形式单一

跨媒体出版只是将同一内容在不同媒体上进行出版，其内容在实质上并没有发生变化，内容形式单一，同质化问题比较严重。另外，跨媒体出版的大部分内容都倾向于娱乐化，其作品篇幅短、节奏快，对于读者来说，不需要太多的思考，便能够在很短的时间内追求情绪的释放。而受阅读条件的约束，相对于一些高端的内容来说，比如科普类、学术类、研究性的图书，传统纸质出版则比跨媒体出版更有优势。

3. 盈利模式传统

跨媒体出版的盈利模式比较传统，主要还是依赖于传统出版，而传统出版的盈利方式仍然是靠销售纸质书获取利益。传统出版向跨媒体出版的转型，只是在传播工具上发生了转型，不同媒体之间没有得到有效的整合，其盈利模式也并没能完成真正的转型,仍然没有找到一条能适应数字出版的盈利道路。目前，跨媒体出版主要是通过一次售卖获得利润，盈利模式传统且单一。而在互联网环境下，出版盈利是可以通过多种形式、多次售卖实现的，可见其盈利模式仍需不断探索。

三、全媒体出版时代

（一）互联网背景下的媒介生态

进入移动互联网时代，媒介的深度融合使得媒介间的壁垒不断削减，媒体发展呈现去中心化、多元化趋势，以自媒体与垂直媒体为代表的新媒体逐渐成为当下主流。伴随着数字技术和互联网技术的不断发展，新媒体也在不断地自我颠覆与融合，从博客、BBS 到微博、微信、社交媒体等不断演进与功能融合的新媒体，以其全天候、全覆盖、功能整合等典型特征为解放人们的感官需求、人性化满足人们的社交娱乐等本质需求提供了支持。出版传媒业界也在思考如何为用户提供交互性更强、黏合度更高的个性化内容，从而更好地服务用户、扩大用户基数、提高媒介价值。新媒体营销凭借其体验性、沟通性、差异性、创新性等特征正在逐步构建全方位立体式营销；具有较强互动性、娱乐性与个性化呈现的内容营销也显示出了强劲态势；去中心化的UGC不仅增强了用户参与度、满足感，同时也为新媒体自身提供了差异化内容，提升了新媒体的品牌价值。

从腾讯、阿里巴巴、盛大、苹果、亚马逊等网络巨头针对出版业务的布局与经营模式来看，全媒体出版更多地融入了互联网思维的理念。对于传媒业而言，互联网思维的核心之一就是以用户为中心，以用户参与和体验为目标，借助互联网、大数据等技术，通过媒体与用户之间的互动和沟通，挖掘和引导用户的需求，为满足用户的相关需求而及时地生产相关产品，为用户提供更优质的服务；互联网思维的第二个核心是平台化战略模式，用户的个性化体验、多维度的需求满足需要生产者、差异化媒体、消费者等通过互联网在一个数据与信息内容相通的平台中进行利益最大化的价值交换；互联网思维的第三个核心是大数据思维，连接人人的互联网时代使得互联网的数据入口更加立体化与动态化，大数据为基于目标群体的多维度数据收集、内容的互动与生产、服务与营销整合的一体化运营模式提供数据支持；互联网思维的第四个核心是跨界思维，在“得用户者得天下”的互联网时代中，用户多维体验成为跨界的主要依据，敢于自我颠覆，主动跨界成为保持领先竞争力的根本动因。

（二）全媒体出版的流程

随着互联网与新媒体的迅猛发展，以用户为中心理念的不断深入，全媒体出版流程不论是在出版选题策划、内容的创作与测试，还是在完整出版物的传播与推广等各个环节上，都是在数据收集和分析的基础上与用户进行互动的动态化出版过程。而且全媒体出版流程的每一个环节都是环环相扣、紧密联系、相互支撑的，下面我们将从内容、传播、营销和品牌四个角度去认识全媒体出版的过程。

1. 全媒体生态的内容策划

相较于以往的出版模式，在全媒体环境下，出版单位已经不再局限于闭门生产内容本身，而是更加注重提供满足用户体验与互动的出版服务。全媒体出版的内容创作是站在以"内容＋服务"满足用户多维度需求的高度上，以实时动态的数据技术为支撑进行统筹策划与生产，而非单一的出版产品的创作。从创作内容的结构上看，可分为碎片化内容、微出版内容、常规出版内容；从创作内容的介质形式上看，可分为文字、图形、图像、动画、音频、视频等。

数据技术与云计算的运用为全媒体出版提供了坚实的数据保障。全媒体出版以"大数据"为支撑，收集与整理用户群体的细分数据，以及用户在出版消费及周边需求活动中的动态特征，为创作主体的整体统筹策划与内容生产提供了实时的数据分析，也为制定与用户互动、满足多样化体验策略提供了依据。

2. 全媒体传播的媒介矩阵

在媒体发展进程中，去中心化的自媒体和垂直媒体的崛起，通过功能模块的整合，将全媒体出版的生产流程与产品链聚合成一个有机的媒介矩阵。在整个媒介矩阵中，将多种角色媒体、内容类媒体、服务类媒体等多维度布点，针对用户需求和体验的多样化，不同功能媒介彼此分工合作，依据出版策划的目标和进度，通过议程设置、统筹管理形成共振效应。

在全媒体传播的媒介矩阵结构下，以角色化媒体建构了网络社交与归属的虚拟社会化角色，以多样化媒体形式丰富了用户在内容类出版品消费过程中的体验与互动，以媒体的多功能整合了为出版活动提供的周边延展服务平台。媒介矩阵的建构不仅能有效持续地汇聚用户群体,同时为内容的生产创作，用户群体价值的延展，各类媒介出版品牌的建设、营销与推广提供了积极主动的媒介环境。

3. 精准营销的社群互动

在这个“得用户者得天下”的互联网“浪潮”中，用户价值的挖掘与实现已经成为出版业营销的发展方向。全媒体出版在互联网时代背景下实行媒体与出版跨界融合的新型出版模式，利用社交媒体，构建用户群体的网络社区，有效地聚合成规模的全媒体出版消费的用户群体,深入挖掘用户群体的兴趣、习惯、消费预期与满足等特征与趋势。

全媒体出版平台以用户个性化、多维化的需求为依据搭建用户的出版服务交互部落，建构不同维度的文化社交消费圈，连接各类出版服务品牌与用户群体，通过用户群体间的深度交互，以社区营销、口碑营销、意见领袖、双线营销等多种方式，改变现有的营销格局，如音悦网的粉丝价值营销。有效地运用用户聚合的营销平台，与用户进行无障碍的深度沟通，并借助用户间的互动传导模式，反作用于出版的内容生产与服务的优化与改进。

4. 多维分层的品牌价值

全媒体出版是出版活动向媒介功能与服务功能的延伸与融合，其出版品牌也形成了多维度综合品牌体系。在全媒体出版过程中，由于每一环节在市场上的分工不同，它们可以成为单一子品牌，也可以整合成为全媒体出版主体的自身组织品牌。相较于传统出版，全媒体出版品牌更具有系统性和关联性。在围绕各子品牌之间的关联性与独特性的基础上，建立了体系化的统一品牌，以实现各子品牌和统一品牌的价值最大化。

全媒体出版的品牌价值体系主要包括特质化的出版主体品牌价值、多样化的内容出版品牌价值和多维度的服务出版品牌价值。出版主体品牌价值，就是提升出版主体的知名度和影响力，形成持续性的品牌效应。内容出版品牌价值，就是提升内容本身的质量和吸引力，丰富媒介和内容的表现形式，增强用户与品牌的黏合度。服务出版品牌价值，就是满足用户个性化的出版消费需求，为用户提供多维度的出版服务。

（三）全媒体出版的优势

1. 产品形态多样化

在全媒体出版下，要满足用户的是“产品 + 服务”的多元化需求，由此，呈现出的产品形态也是多样化的。全媒体出版不仅提供传统出版品，而且在借助出版内容生产优势的基础上，还衍生出相关的内容服务体系。全媒体出版产品形态大体上有两类：第一类是内容类出版产品，主要指以多介质形式呈现的出版观念中跨界融合的内容产品；第二类是服务类出版产品，主要围绕出版活动周边的用户需求提供服务。以出版内容为核心竞争力延伸全媒体出版产品链，为用户群体提供了更好的体验与互动服务，在提高用户黏合度的同时，拓展盈利模式，提升品牌价值。

2. 传播媒介矩阵化

随着互联网技术与数字技术的发展，媒介的形式与功能发生了巨大的演变，其功能形态也在不断地与全媒体出版模式深入融合。全媒体出版通过整合媒体功能模块，围绕出版核心活动及延展服务的消费需求，将全媒体出版的生产流程与产品链聚合在一起，构建了一个有机的媒介矩阵。传播媒介的矩阵化，可以在全方位收集与分析数据的基础上，提供多维度出版服务需求，从而满足用户的多层次需求，有效持续地汇聚用户群体。毫不夸张地说，全媒体出版的媒介矩阵在用户群体的聚合、用户数据收集、内容的生产与测试、出版品的多样化流通、出版延伸价值的实现等方面都起着决定性的作用。

3. 用户价值突出化

随着互联网技术与互联网思维对出版行业的影响不断加大，出版业者越来越重视用户群体的价值挖掘。相比于以往单向度主观性地将出版品推销给消费者，全媒体出版更加重视用户群体的多维度价值的挖掘。深入挖掘用户群体的兴趣、习惯、消费预期与满足等特征与趋势，让用户参与到出版产品的创作和流通中去，参与到全媒体出版的多维品牌传播中去，从而满足用户的归属感、存在感和参与感。另外，让用户对媒介的接触点更加多维化，从而全方位获得用户群体的多维数据，有效地拓展与用户的互动维度，提高用户的体验感与黏合度，在出版品消费活动之外融合长尾经济和粉丝经济，实现用户价值的提升。

4. 营销体系多维化

随着大数据与云计算等技术在传统行业的深入应用，传统的营销模式也在向精准化、互动化、智能化方向转变。全媒体出版的营销体系以挖掘与实现用户群体的价值、提升创作主体的影响力、提升全媒体出版的媒介矩阵传播力、拓展全媒体出版平台的营销渠道、提高全媒体出版品牌整体价值为目标，整体上呈现出多维化的趋势。基于大数据技术的广泛运用、社会化媒体的蓬勃发展、媒体平台的类型多样、品牌体系的综合多维，全媒体出版的整合营销策略大体上包括数据整合营销、关系整合营销、媒体整合营销和品牌整合营销。只有有序地构建全媒体出版的整合营销策略体系，才能使全媒体出版的整体价值得到持续稳步的提升。

第三节　全媒体出版的研究现状

在互联网进入我国的二十多年中，传统出版也经历着不断的变革和转型，从早期利用互联网建立网站做宣传到网络化出版、数字化出版、新媒体出版再到如今的全媒体出版，出版业一直在拘谨地自我变革，我国出版业对全媒体出版的转型和发展也在积极探索。目前，业界和学术界对全媒体出版领域也做了一些研究，下面我们将从理论研究和应用研究两个层面来分析全媒体出版的研究现状。

一、理论研究层面

（一）产业研究

2008年12月19日，长江文艺出版社和中文在线将《非诚勿扰》以传统图书、互联网、手持阅读器、手机阅读四种形式同步出版，国内首次出现了“全媒体出版”。自《非诚勿扰》之后，全媒体出版以其多形态、多渠道的优势形成一股热潮，《贫民窟的百万富翁》《我的兄弟叫顺溜》《刘谦自传：见证奇迹的人生》《越狱》等多部作品采用全媒体出版的方式发行，其内容涉及电影、电视剧、励志类读物、网络文学等众多领域。

在媒体融合的大背景下，全媒体出版产业开始兴起，做到了真正意义上的跨媒体、跨行业、跨国界，并实现了“大出版”“大传媒”，开启了出版产业新的发展模式，目前仍处于不断发展探索阶段。全媒体出版理念为出版业注入了许多新鲜血液，但同时也带来一些隐患。在目前的研究中，对全媒体出版产业关注最多的有以下三个问题。

1. 版权保护问题

在新媒体环境下，人人都可以成为出版者，人们可以不受限制地在新媒体平台上发布自己的作品，但同时免不了会被一些盈利性组织或个人复制、转载、出版，盗版作品在网上肆意传播、无法控制，版权纠纷层出不穷，版权保护问题亟须解决。

2. 盈利模式问题

全媒体出版下衍生出广告、内容付费、增值服务等多种获取收益的方式，但这些盈利模式还在不断尝试中，究竟什么样的盈利方式更适合全媒体出版还有待考察，其盈利模式是否成熟还有待商榷，要形成全媒体出版独特的盈利模式还有待探索。

3. 内容形式问题

新媒体环境下，内容载体出现了很多新形式，出版形态设计出很多新花样，但不管怎样，出版业本身还是内容产业，要坚持内容第一、设计适度的原则，在对内容进行创新的同时也要对其严格把关，另外还要注意内容与形式的有效结合，避免出现为了强化设计而增加一些无关内容的、牵强的形式。

（二）模式研究

全媒体出版模式打通了数字出版产业链。与之前的出版模式相比，我国全媒体出版在读者覆盖面、渠道多样性、出版同步性上具有明显优势，但是目前还未完全成形，全媒体出版主体也未真正形成。林晓华、邱艳萍在《全媒体出版新兴模式分析及其启示》一文中，概括总结出了近年来全媒体出版的四种主要的新兴模式。

1. 社交出版模式

这一模式以用户为核心，以新媒体平台为依托，作者、读者、出版者三者之间的角色是可以相互转换的，用户可以在社交平台上独立完成出版、定价、包装、销售等工作，强调用户间的充分互动、分享和传播。

2. 淘宝模式

其运营模式类似于淘宝网，该模式的典型代表是微信自出版。也就是作者直接将自己的内容在平台上向用户发表、出版，没有了传统出版人的角色，用户直接向作者付费。

3. 众包模式

该模式也就是用户生成内容。在内容生产环节，人人都是内容的创造者，大众参与内容创新的规模被无限扩大，形成了用户间的强社交关系。这一模式的典型代表是维基百科、豆瓣网等。

4. 京东模式

该模式利用大数据等新兴科技，精准分析用户的消费行为，实现智能选题、智慧出版，向用户输出其潜在的内容需求，从而提高资源利用率和出版效率。

全媒体出版模式以用户为中心，利用“大数据”“众筹”“众包”等方式进行出版，形成强社交关系，这在互联网思维下是一个有益的尝试。随着新技术、新媒体的不断发展，全媒体出版的新模式还会不断涌现，但无论有多少种出版模式，真正需要做的还是要找到最适合自身发展的那一个。

（三）运营研究

进入全媒体出版时代，出版业要想实现多渠道制胜，关键在于其运营之道。中文在线一直以来致力于数字出版服务平台的研发，也最早形成了成熟的运营模式，业界学者也多是基于对中文在线的分析来探讨全媒体出版的运营模式。而近些年在全媒体出版中比较火热的是全版权运营。

关于全版权运营，目前业界还没有统一的定义，主要是指通过全方位、立体化的版权之间的转化，从而实现版权这一无形资产的增值。刘仁在《浅析全版权运营趋势与问题》一文中，将全版权运营分为两种模式：① 集团式运营，也就是在具备完善产业链的集团内部进行资源共享，依靠自身的资源就能打造泛娱乐生态圈；② 开放式运营，是指产业链还不全面的公司之间相互合作共享，发挥各自的平台优势，实现共赢。❶

在全媒体出版中，全版权运营为其打开了一条全新的运营道路。全版权运营模式有效地把握了版权成本，对大 IP 进行集约化管理，并且也规避了一定的版权运营风险；另外，通过全版权打造、运营自己的品牌，还增加了用户黏性；在运营过程中，通过跨产业合作，可以实施多元融资，拓宽盈利方式。与此同时，全版权运营还存在一些局限性，比如大多数版权的授权不全导致版权无法全面开发，各产业间的差异性影响版权的横向拓展，专业运营人才缺乏，等等。

总体而言，全版权运营是全媒体出版发展的趋势和方向，但目前尚处于发展的初期阶段，全产业链条尚未贯穿到各个环节之中，对于全版权运营模式在

❶ 刘仁．浅析全版权运营趋势与问题 [N/OL]. 中国知识产权报，2018-7-13 [2019-11-01]. http://www.cn12330.cn/cipnews/news_content.aspx?newsId=109426.

全媒体出版的应用中出现的问题，更有待业界在进一步探索中予以解决。同时，业界也需研究和开发其他适合全媒体出版发展的运营模式。

（四）策略研究

全媒体出版虽然已经初显成效，但目前的发展还不够成熟，对其未来发展方向的探索仍在路上，我们需要做的还有很多。针对其发展过程中出现的问题与困境，业界对全媒体出版的未来发展大致提出了以下三点策略。

1. 整合资源优势

（1）要充分挖掘内容资源。现在整个传媒产业呈现的是一种大出版、大传媒的局面，内容资源仍处于基础核心地位，要从深度和广度两个方面去挖掘内容资源，全方位、深层次地进行开发利用，最大限度地满足用户的多维度需求，同时也要加强内容监管，避免同质、盗版内容的泛滥。

（2）有效整合媒体资源。全媒体出版机构在保持自身不断完善的同时，要加强全媒体资源的机构整合，消除具有明显界限的传统媒体形式的壁垒，通过融合和沟通，建立专门的信息传播管理机构，实现全媒体出版统一的业务管理。

2. 全产业联合发展

全媒体出版是媒体融合的一种实践形式，在大出版、大传媒的背景下，出版企业之间要进行联合重组、调整优化，也要加强整个产业链的深度战略合作，优势互补、协作共赢，充分利用好各自的优势资源。

3. 健全相关法律法规，强化监督

侵权盗版行为在出版业内肆意猖獗，全媒体出版应该建立、健全自己的法律法规，确立行业规范，保护版权，另外也可以通过技术手段进行保护，加强监督。

学者们只是从宏观上提出一些发展策略，要促使全媒体出版良性发展，还需要从微观处着手，要做到的也远不止以上几点，还需要各行各业共同努力，积极探寻适合全媒体出版未来发展的策略。

（五）营销研究

进入移动互联网时代，随着大数据与云计算等技术在传统行业的深入应用，传统的营销模式也在向精准化、互动化、智能化方向转变。业界对于全媒体出版的营销策略研究还有待创新和提升。在所有出版营销研究中，全媒体出版整合营销还是学者们比较赞赏的。

全媒体出版的整合营销是以用户为核心，通过各种形式的传播手段和方式，将资源整合起来，为用户提供多维度的出版品。目前，出版业将全媒体出版整合营销归纳为以下四点策略。

1. 数据整合营销

数据整合营销是全媒体出版整合营销的基础策略，依托全媒体出版平台内外的数据采集，利用大数据技术描绘、预测、分析、引导用户群体参与互动体验、再生产和消费互动，为用户群体消费倾向、出版品的全媒体形式与发行策略、出版服务的功能模块整合等提供精确有效的技术支持。

2. 关系整合营销

这是全媒体出版在社会化媒体蓬勃发展的背景下的重要营销手段。以用户群体为主体，以消费预期与行为为导向，通过全媒体出版的媒介矩阵的舆论导向、意见领袖的话题互动、服务出版品的媒介互动、口碑营销等进行关系整合营销，通过聚合的全媒体出版平台和多维的社交化媒体网络来实现营销目标。

3. 媒体整合营销

全媒体出版平台提供了多种类型的媒体平台，通过全平台内外的媒体互通与整合营销，以有效的话题引导目标受众进行病毒式传播，充分利用全媒体出版平台的多维化媒介形式进行自主有效的营销推广，或利用社会化媒体营销内容与话题，有效地形成与控制舆论。

4. 品牌整合营销

以潜在和现有用户群体为对象，通过品牌延伸策略、多品牌策略、合作品牌策略以及角色媒体品牌联盟策略等具有说服性的多种营销手段，建立用户群体对品牌体系的忠诚度。

虽然对于出版界而言，全媒体整合营销是一个全新的理念，各个方面也还不够成熟，但可以肯定的是，全媒体整合营销已经有了很多成功的实践案例，说明其可行性还是值得认可的。在全媒体出版的发展中，还需要不断地摸索合适的营销策略，以促进全媒体出版的发展。

二、应用研究层面

（一）报纸行业

在“互联网+”时代，媒介融合打开了各行各业的新局面，全媒体出版的热潮也使得传统报业面临的环境变得更加严峻，所承受的转型压力也越来越大。但与此同时，全媒体出版时代的到来也为报纸行业带来了更多的发展机遇和勃勃生机。报纸的生存问题一直以来都是业界热议的话题，学术界普遍认为，全媒体出版是报纸行业未来的发展方向和出路，并且也对全媒体出版在报纸行业的应用做出了一定的研究，不仅从微观的角度对报纸媒介个案做了深度的分析，而且还从宏观上对报纸行业做了整体的把握。

在对报纸媒介个案的研究中，学者们深度剖析了报纸个案是如何做到全媒体出版转型的，深刻地分析了其中的得与失。通过这些个体案例的研究，可以为其他报纸的转型提供经验和借鉴。例如，学者们对《南方周末》的全媒体出版研究得比较多，而在《〈南方周末〉的全媒体化探究》中，更是全面、深刻地探究了《南方周末》的全媒体出版实践，从它的前三次转型尝试，一直到第四次全媒体转型的成功，《南方周末》可以说是报业在全媒体出版转型中的翘楚，另外，文章还对其全媒体出版转型后的特点优势以及问题做了分析，并提出了应对策略和未来的发展方向，为报业的全媒体出版转型提供了实用的、值得借鉴的案例。

另外，在对全媒体出版时代中的报纸行业进行整体研究的过程中，学者们分析了其现状、问题和困境，并且提出了一些发展策略。通过对报纸行业在宏观上的研究，可以使得报纸在转型时能有一个整体的了解和把握，对自己总的发展方向能有一个清晰的认识。《论报纸的全媒体发展战略》一文认为，全媒体出版是报纸的重要摸索方向，全媒体出版时代的报纸要走互动、融合的报媒“联姻式”道路。《全媒体时代报纸的数字化转型》一文中，在分析了全媒体环境下报业所面临的困境和机遇后，认为报纸走全媒体出版转型之路是必要的，并提出了转型策略，以推动报业的可持续发展。

（二）图书行业

在互联网蓬勃发展的今天，数字技术、媒介技术等各种技术的创新与升级对传统图书行业造成了一定的冲击，走全媒体出版的道路已经成为图书行业的大势所趋。学者们也纷纷探究了全媒体出版下图书行业的挑战与机遇，认为对全媒体出版模式的引入和探索对传统图书行业来说是很有必要的。业界对全媒体出版时代下图书行业的研究主要集中在传统图书的转型上，分析了传统图书所面临的局势，并为其未来的发展提出了策略。

学者们认为，一方面，全媒体出版时代的到来，并不意味所有的图书都可以进行全媒体出版，这一新形势也为某些传统图书的发展带来了一些机遇，类似观点在《全媒体时代纸质图书出版的机遇与突破》《全媒体时代纸质图书出版思考》等文章中都有所体现。传统图书需要抓住的机遇可概括为三个方面：① 经典文献的留传；② 深层次研读的不可替代；③ 电子阅读的泛滥所带来的机遇。据此看来，传统的纸质图书还可以保留自己独特的优势。

另一方面，全媒体出版对图书行业的发展造成了一定的冲击，为了未来的发展，需要顺应时代的潮流，重新进行自我审视与变革。学术界也对传统图书未来的创新与转型提出了发展策略，认为融合是其发展的必然道路。《论“全媒体”背景下的图书出版》一文提出，全媒体出版的关键是“融合”，要实现传播形态、读者与生产者、运营模式的媒介的三重融合。另外，也不能忽视“人”的作用，要提供高质量内容。

在学者们为传统图书出版转型提出的建议中，转变与创新营销策略被提及的次数是最多的，大部分学者都认为传统的营销策略已不再适应图书行业的发展，应该实施全方位整合营销策略。《全媒体时代图书网络营销分析》中专门对全媒体背景下图书行业的营销方式做了全面的分析，包括体验营销、口碑营销、全程营销、整合营销、数据营销等，认为这些营销方式更能满足读者的需求，更加注重品质与用户体验。

（三）期刊行业

全媒体出版在各行各业的应用研究中，学术界对于期刊行业的研究是相对比较多的，而在众多研究中，对期刊行业总的研究相对较少，大部分是对某类型期刊所做的研究，其中，科技、学术、医学三类期刊是学者们关注的热点，相关研究数量最多。全媒体出版为期刊行业带来了全新的办刊理念，也为其可持续发展提供了更多的可能性。

在现有的对期刊行业总体的研究中，大部分都是关于全媒体期刊出版发展策略及趋势的分析研究，认为传统期刊向全媒体期刊出版转变是其生存和发展的必经之路。在新媒介大行其道的生态环境下，传统的期刊业面临着三个方面的转变：① 信息传播和商业经营功能的融合；②“高端定位”向“长尾理论”模式的转变；③ 信息传播“一站式”服务模式的转变。另外，全媒体出版时代期刊行业发展的根本问题是用户黏性、资源整合、盈利模式的创新与转变。更多的专家学者认为，在全媒体出版时代，“内容为王”才是中国期刊行业的可持续生存之道。

科技类期刊是学术界研究探讨最多的，业界认为，科技期刊要在互联网思维模式下，走全媒体出版道路。《科技期刊全媒体出版的互联网思维》一文专门对这一颠覆性观点作了具体的阐释。目前，全媒体出版在专门刊载最新科研成果的科技期刊中的应用还处于摸索阶段，业界对于适用于全媒体科技期刊出版的可操作性实施方案还没有提出具体的建议。《科技期刊全媒体出版实施方案探析》中针对科技期刊的全媒体出版探讨了一些具体的方案，认为要多形式发布、推送论文，优先数字出版。近几年来，学术界也对科技期刊的传播路径做了很多探讨，并对编辑的能力提出了更高的发展要求，编辑要对自己的角色进行重新定位，提升自身的编辑素养，做复合型编辑人才。

（四）影视行业

在新媒体时代，媒介融合是影视行业的共赢之路，全媒体出版为影视行业的发展带来了新的生机与活力，全媒体出版转型已成为今后的探索之路。学术界对于全媒体出版在影视行业的应用研究较少，而且在相关的研究中，缺少系统的、整体的探究，基本上是比较局部的、零散的。

电视综艺节目在全媒体出版的探索中可谓是“一马当先”，在发展过程中创新出一些新的发展模式，由此衍生出的“综艺电影”也成为其新的亮点。电视综艺的全媒体出版仍在持续不断地升温中，业界认为，尽管综艺节目在全媒体出版转型过程中的道路是曲折的，但前途仍是一片光明。陈希阳在《论电视综艺节目的全媒体出版》中比较全面地论述了电视综艺节目全媒体出版的现状、动因及优势，阐述了当前电视综艺节目全媒体出版的主要形态（包括综艺电影、社交媒体、手机游戏、图书等），还设计研究了受众的接受与效应，并对今后的趋势提出了展望。该研究为电视综艺节目的发展与转型提供了有价值的参考。

此外，学者们也从影视频道的全媒体出版转型的角度做了一些分析和研究，一直以来，湖南卫视都走在创新的前沿，学者们探讨电视行业的全媒体出版转型时也多以湖南卫视为例。《湖南卫视的全媒体转型思路探析》一文对湖南卫视的转型现状做了分析，同时也说明了当前影视行业的全媒体出版转型发展主要是台网融合、社交媒体的互动营销、手机 App 和游戏的开发、IP 运营等。当前，影视业、学术界探究最火热的还是 IP 内容运营，认为虽然“IP+ 影视”的模式引发出很多版权纠纷问题，但毋庸置疑，IP 运营作为影视行业发展的一个趋势和方向，其带来的利益确实非常可观。

总的来说，全媒体出版在影视行业的发展总体上是不平衡的，有的遥遥领先，有的则远远落后，受众对全媒体出版的接受程度也是参差不齐的。为了促进影视行业均衡且长足的发展，就需要专家学者们从整体上对影视行业做全面的研究和探析，为行业的发展提供系统的参考资料。

（五）电子音像行业

互联网在全国范围内的快速普及和蓬勃发展，对我国电子音像出版行业造成了强烈的冲击。在全媒体出版时代，电子音像行业的重新定位与转型已成为当务之急。学术界对电子音像出版业的发展做了一些宏观的研究，但是具体的个案研究相对较少，也没有为电子音像全媒体出版设计清晰的、具体的实施战略，所做的研究还停留在宏观对策的层面，对于其他层面的研究可以说是寥寥无几。

当前全媒体出版在电子音像行业的应用还不够成熟和完善，对于电子音像该如何进行全媒体出版，业界和学术界还没有得出一个准确的结论。可以清晰看到的是，目前全媒体出版背景下我国电子音像行业存在着很多的问题，如市场规模减小、盗版侵权现象严重、原创精品内容缺乏等。对于这些问题的解决，业界和学术界仍在积极地探索中。

面对全媒体出版时代对电子音像行业所造成的冲击，业界及学术界关注的焦点一直是促进电子音像行业的有效发展。在现有的研究资料中，学者们也探究了一些发展路径，为电子音像行业的可持续发展提供参考。《全媒体时代电子音像出版业的发展策略》一文认为，互联网思维的转型以及全媒体出版的应用为电子音像行业提供了更多的发展可能，在今后的转型与发展过程中，聚合平台、创新商业模式、整合数据资源、创新产品内容、实施媒体融合、创建多元渠道等，都是全媒体出版时代电子音像行业向前发展的有效途径。

全媒体出版一直以来都是各行各业热议的话题，面对互联网蓬勃发展的冲击，全媒体出版为行业内带来了无限的发展潜力和商机。要推动各行各业的可持续发展，还需要业内人士、专家学者以及出版实践者共同的努力和研究，在不断地尝试中探索有效的发展道路，为全媒体出版的长足发展提供有价值的参考。

第二章　全媒体出版平台的建构

随着互联网、移动互联网技术与数字技术的深入发展，传统行业不断被冲击和颠覆，如何适应互联网、移动互联网时代的发展潮流，完成自我颠覆和救赎是摆在传统行业面前的首要问题。对于出版业而言，在媒介融合的大背景下，以互联网的思维方式来重新建构与互联网、移动互联网时代相匹配的出版平台将是我们研究的重要方向。本章将从全媒体出版平台的发展现状、结构要素和全媒体出版平台的特点三个方面进行研究。

第一节　全媒体出版平台的发展概述

一、全媒体出版平台的发展现状

数字技术与互联网应用的日益广泛给出版行业带来了巨大的影响。一方面，新媒介技术革新了受众的阅读习惯，进一步挤压了传统出版业的生存空间；另一方面，随着“互联网+”战略的逐步实施，数字出版概念升温，发展前景广阔可观。在此背景下，出版业积极利用互联网，加快了对数字出版的研究和实践，衍生出了不同类型的数字出版平台。

目前，按照构建主体的不同，数字出版平台大致可以分为三大类型：内容提供商构建的数字出版平台、电信运营商构建的数字出版平台和技术提供商构建的数字出版平台。

自 2008 年以来，出版业开始了对全媒体出版模式的探索。全媒体出版是数字出版在互联网时代中与媒体深度融合的一种演变类型，是出版主体综合运用文字、图像、声音、音频、视频等各种表现手段，通过不同媒介形态（纸媒、网络、手机、阅读器等）对同一作品进行同步发行的新型出版方式。❶然而全媒体出版及其平台结构目前仍涵盖在数字出版、跨媒体出版等出版平台之内，并没有一个完整统一的对全媒体出版平台的界定。

因此，在论述全媒体出版平台现状时，我们将对现有的经典全媒体出版案例进行简单梳理，并以此为基础，分析出版主体、组合出版模式并将其概括为以下三类以出版主体为主的“全媒体出版”的平台。

（一）一家传统图书出版机构＋一家数字运营商的出版平台

2009 年 3 月，英国著名电影《贫民窟的百万富翁》登陆中国，其同名原著的全媒体出版活动由作家出版社（北京）和中文在线集团共同完成。作家出版社抓住了该片在中国热映的时机，联合中文在线，对该书的纸质版本和数字产

❶ 秦崭崭．我国全媒体出版的传播解析及发展初探 [D]．南宁：广西民族大学，2011（4）：34-35.

品进行同步出版发行，利用多渠道传播，进一步提升了读者黏度。读者不仅可以买到纸质图书，还能通过手机、手持阅读器、电脑等移动端或 PC 端在“17K 小说网”或者“移动梦网”上阅读书籍电子版。

2016 年 7 月，百花洲文艺出版社（江西南昌）出版了《致我们终将逝去的青春》小说的纸质版图书。此前，白马时光文化发展有限公司（北京）就已获得作者辛夷坞授权，秉承着全版权运营理念，致力于传统出版品与数字出版产品的协同发展，由公司创始人李国靖核心策划、全程打造了电影《致我们终将逝去的青春》（赵薇导演），创下年度爱情电影的最高票房纪录；《致我们终将逝去的青春》（电影纪念版）图书也夺得 2013 年“当当网”青春文学年度销售冠军。

《贫民窟的百万富翁》是第一例海外引进图书在国内实现全媒体出版的出版品，是继《非诚勿扰》之后全媒体出版又一次勇敢而成功的尝试，为全媒体出版平台的构建与发展提供了一种范例。而《致我们终将逝去的青春》则是此类全媒体出版平台在新媒介环境中对“范例”继承、创新后进行的一次较为成功的全媒体出版活动。

全媒体出版平台是内容与技术相结合的平台，传统出版社拥有优质的内容资源，但数字技术却是短板，选择与数字运营商合作的形式可以及时弥补不足。数字运营商掌握着先进的数字技术和丰富的渠道资源，二者的有机合作能够灵活应对市场变化，不再固守单一的内容出版业务，而是通过提高内容的附加值，为用户提供更多的选择和全面的、个性化的内容型出版品与服务型出版品，进而再推动全媒体出版平台向更好的方向发展。

另外，此类仅一家传统图书出版机构参与的“1+1”平台模式，相比“N+”

或“+N”的平台模式稳定性更强，具备合作双方信赖感较强，在市场、版权、利益划分以及分配问题中隐患较低等特点和优点，有利于平台和谐成长环境的打造，有利于平台长足发展。

但单一数字运营商参与的形式往往在IP价值的挖掘方面不够细致和深入，往往存在表现方式以及传播渠道单一化、同质化等问题。《贫民窟的百万富翁》电影的“IP”开发仅限于纸质书籍的数字化，如电子书、音频读物等，既没有实现“次生IP”的多元化开发，也没能联动周边资源形成顺畅的产业链条，使出版产品发展受限，不利于创新思维的形成和资源利用的最大化。

（二）两家及以上的传统图书出版机构+一家数字运营商的出版平台

2009年7月，军旅电视剧《我的兄弟叫顺溜》热播，中文在线集团携手北京博集天卷图书发行有限公司和江苏文艺出版社共同承担全媒体出版任务，推出了纸质图书、互联网、手机电子阅读等多种形式的出版物。除纸质图书外，中文在线集团已经在中国移动的梦网书城、海南移动指尖小说、江苏移动的互动书城、浙江手机阅读基地、湖北移动的手机图书、山东移动的彩信图书等频道铺好营销管道，对该书进行强有力的推介。读者不仅可以从手机移动端上了解到该书的出版信息，还可以通过手机付费下载的形式购买该书。与此同时，读者还可以通过中文在线旗下的“17K小说网”“千龙网”“人民网”等读书频道付费阅读该书电子版。

图书的热销激发了读者观看同名电视剧的热情，而电视剧的热播反过来又推动了其纸质图书与电子图书的贩售。在这个案例中，其出版主体有三个，即中文在线集团、北京博集天卷图书发行有限公司、江苏文艺出版社。其中，传统图书出版机构有博集天卷图书公司、江苏文艺出版社两家。

一方面，“N+1”的全媒体出版平台模式因为多家传统图书机构的加盟而具有优质内容资源充足，出版经验丰富等特点，有利于出版平台对优秀的“源IP”进行选择与开发，有利于对优质内容进行多媒体化呈现，但相对地也存在出版思维固化的问题；另一方面，因为只有一家数字运营商参与，在利益归属方面，数字产品的市场与版权划分清晰明确，争议较少。同时单一数字运营参与也可能会导致数字产品的表现形式的单一化等问题，不利于全媒体出版品的多元化发展。

另外，新媒介环境的倒逼以及用户需求的不断细化与碎片化，近年来促使传媒行业整体向新媒体大幅倾斜，用户需要简便、互动性强、即时性强的产品，因此逐渐衍生出现了一系列新的表达方式，如“VR/AR/MR 技术 +”“短视频 +”等形式，在此背景下，单一数字运营商提供的媒体渠道以及技术服务能否持续满足用户日益多元的需求还值得商榷。

（三）一家传统出版社 + 数家数字运营商的出版平台

2014 年，“IP”《花千骨》的开发运用的是典型的“一家传统出版社 + 数家数字运营商”的出版平台模式。其中，出版主体包括传统出版社——湖南文艺出版社 + 数字运营商——湖南卫视、天翼阅读文化传播有限公司（浙江杭州）、上海君游网络科技有限公司、天象互动科技有限公司（成都）等。湖南文艺出版社承担了《花千骨》纸质图书的出版任务，湖南卫视、天翼阅读文化传播有限公司（浙江杭州）、上海君游网络科技有限公司、天象互动科技有限公司（成都）等负责了其数字产品的出版与营销。2015年暑期，湖南卫视制作播出了《花千骨》电视剧；同年6月8日，天翼阅读文化传播有限公司（浙江杭州）推出了《花千骨》独家音频广播剧,并在其开发的“氧气听书”App中播出；6月9日，上海君游网络科技有限公司开发的《花千骨》网页版游戏正式公测；6月25日，天象互动科技公司（成都）独立研发并携手爱奇艺PPS游戏共同发行的同名手游上线。

除《花千骨》之外，2009年中国轻工业出版社（北京）+盛大文学、移动梦网、起点中文网打造的《义犬》，2010年中华书局（北京）+中文在线、中国移动手机阅读平台、爱国者、汉王等打造的《孔子》，2014年湖南文艺出版社+磨铁娱乐有限公司、优酷网络平台等打造的《从你的全世界路过》等都采用了“一家传统出版社+数家数字运营商”的出版平台模式。

多家数字运营商共同参与出版活动有利于数字出版产品形式的多元化和细致化，在满足不同客户的个性化需求方面大有助益。《花千骨》系列产品分别以传统媒体、PC端、移动端为媒介接触点，满足了媒介使用习惯不同的用户的需求，为产品的差别化发展打下良好的基础。

但是，“1+N”的出版平台模式虽然在用户体验性方面大有裨益，却并不是完美无缺的。同源IP下的多家数字运营商有合作也伴随着竞争，尤其是对“次生IP”以及“衍生IP”市场拓展的争夺和冲突。2010年,《花千骨》作者江晨舟与乐多数码签订《花千骨》相关游戏授权协议。2014年乐多数码联合上海晨之科信息技术有限公司正式发行手游《仙魔录花千骨》(后更名为《新花千骨》)，2015年4月江晨舟准备收回《新花千骨》手游授权，并诉至法院。同年6月，同样获得授权的爱奇艺与天象互动开发的《花千骨》

游戏上线。7月，爱奇艺认为《新花千骨》侵犯了同时拥有小说及电视剧双重授权的《花千骨》手游的正当权益并发出律师函，向晨之科追究相关法律责任。但最终，江晨舟在2015年11月18日向徐汇区人民法院主动撤诉，此案告一段落。

多主体参与出版活动有利于出版产品的数字化与多元化以及产业链条的形成，但多主体也意味着被分割，这主要体现在数字产品开发过程中对产品形态以及用户流量的争夺以及产品上市后整体利益的划分等方面。长此以往并不利于用户黏性的提升和用户数据的收集与分析。

近年来，全媒体出版虽然取得了一定的成果，然而相比互联网行业与新媒体的快速发展，全媒体出版平台的建构步伐稍显缓慢。其理论与实践虽然已经过十年探索，但仍不够成熟，有关全媒体出版及其平台的概念还尚未形成明确的界定。因此，笔者在数字出版平台定义的基础上对“全媒体出版平台”的定义做一个理想的界定。全媒体出版平台是在互联网与媒介融合背景下，以用户需求为中心，以“大数据”技术为支撑，以媒介矩阵为媒介环境保障，以碎片化、微出版品、常规出版品等为内容结构，文字、图形、图像、动画、音频、视频等多介质为内容形式，以满足出版消费及周边延展活动为媒体出版服务宗旨的动态的、及时的出版平台。相信，随着互联网巨头的不断冲击和出版业日益深入的市场化运作，全媒体出版平台的成形与完善将指日可待。

二、全媒体出版平台的发展困境

全媒体出版平台的模式尚未成型，出版业在现阶段的探索中虽然取得了一些成果，但从互联网、移动互联网时代变革的大背景中来看，还有许多方面需要加以重视。

（一）出版主体的本位局限性

在互联网与移动互联网环境之下，数字媒体表现出强大的互动与传播效果，打破了传统媒体的传播优势，受众转变为用户，其价值与存在感大大提升，用户不仅能够自主选择接收渠道和内容，还能够作为传播者参与到内容生产的过程中。这就要求出版业积极转变思维，从传统出版中受众被动接受内容的单向传播阶段调整适应到以用户需求为导向的双向互动内容生产阶段。

但遗憾的是，我国的全媒体出版平台多为“传统出版机构＋数字运营商”的复合型模式，平台的“本位”思想牢固，其中传统出版机构长久从事传统出版活动的习惯使其出版思维僵化，对互联网思维的理解不够透彻，对于媒体整合、媒介环境等全媒体的核心问题还没有表现出足够的重视，因此，出版主体对于以用户为中心的理解远不如互联网行业敏感，至于提高用户黏合度的路径选择和用户群体的价值挖掘等方面，目前还没有体现在全媒体出版平台的架构上。

（二）出版媒介的融合局限性

首先，传统出版机构与数字运营商想要达成合作，基础条件有两点：① 双方或者多方都具备合作意愿；② 双方或者多方都能具备合作的能力，包括时间的吻合、人才的充裕以及技术的支撑等。现阶段我国全媒体出版平台多为“N+N”的复合模式，既有合作意愿又具备综合实力的理想合作方很难找到。

其次，全媒体出版平台需要突破媒介壁垒，生产方式上要集成化、一体化发展，坚持“一次采集、一个平台、多个出口”的原则，实现资源的最大利用化，实现跨媒介传播。但目前我国的数字技术较为落后，出版生产方式方面，全媒体出版普遍处于数字出版的媒介化阶段，其创作生产过程还远未完全融入互联网技术与全媒体功能。现阶段对于全媒体出版的生产特点更多地局限于多种媒介展示形式与多样化的发行渠道上；而现有的全媒体出版模式还没有将全媒体的特点完全融入出版活动中去，因此受制于自身发展的局限性。

（三）出版内容的创作局限性

全媒体出版平台内容创作的局限性源于印刷时代人们对“出版”概念的刻板印象，认为首先要有实质性载体——纸质版，其次由出版社提供内容进行生产的才是出版。数字出版产品的内容必须要靠传统出版机构提供，例如电子书的出版必须是靠出版社在制作纸质书的过程中同步开发电子书等。

但互联网与移动互联网背景之下，出版即传播，其内涵和外延已经发生了变化，集成化的内容生产方式，PGC 与 UGC 的结合，动态化的出版流程以及对“脱版出版”的追求才是全媒体出版的发展趋势。虽然，在新媒介环境倒逼之下，全媒体出版平台在技术上已经基本能够实现上述要求，但其对于媒体整合、媒介环境等全媒体的核心问题重视程度尚不足，思维上仍需要打破僵局，注入新的思维方式以适应当前的用户需求和时代背景。

当前的全媒体出版的平台整合更多还局限于出版核心活动的拓展上，但在互联网时代中如何发挥全媒体与出版平台的有效整合，拓展出版平台的整体价值应是我们在全媒体出版平台的建构中所要考虑的重要问题。

（四）出版价值的转化局限性

全媒体出版平台最核心的价值就是内容，是IP。一次优质的IP价值的成功转换不仅能给用户带来身临其境的情景化体验和情感共鸣，更重要的是能给产品IP本身创造强大的粉丝经济，以及无法估量的跨界的持续商业变现能力。

迪士尼起家于动漫电影，但除文字、漫画作品的影视化之外，迪士尼更是以整个IP为基础，深入挖掘，利用旗下上百位卡通形象，研发了迪士尼主题公园、迪士尼主题酒店等跨界衍生出版品，还设计开发了诸多文化创意产品，包括箱包、玩具、家居用品、电子产品等多个产业，对其周边资源真正做到了物尽其用。

相较于国外全媒体出版对IP运作的成熟经验，我国出版业对IP的探索仍处于初级阶段，内容衍生的理念虽然早已存在，但经营方式还局限于版权与原创作品，对于网络时代下IP的布局与开发仍基于“粗放型”思路。“简单贩售IP，追求短期利益，产品形态单一，IP难以沉淀，缺乏长久生命力问题明显”。因此，我国全媒体出版平台虽然积累了大量作者和优质内容，但一直以来并无现象级火热IP出现。

第二节　全媒体出版平台的结构

一、全媒体出版平台的结构要素

全媒体出版平台的结构主要分为：数据入口、角色媒体、内容创作、内容类媒体出版品、服务类媒体出版品、自有媒体渠道等。如图2.1所示。

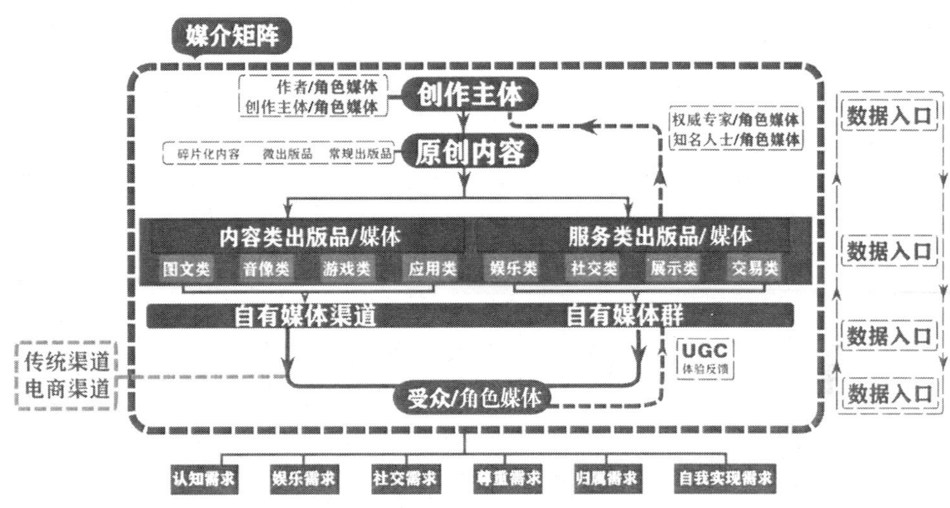

图 2.1　全媒体出版平台结构

（一）数据入口

数据入口是流量入口在“大数据”时代背景下的优化升级，是嵌入了以大数据、云计算等为代表的新一代信息技术后的互联网入口，具有数据量大、类型繁多、价值密度小、速度快、在线收集数据等特点。

普通的流量入口只具备计算用户流量的单一功能，而数据入口能够在用户进入的瞬间抓取到用户的数据信息，跟踪用户搜索行为，快速收集数据，沉淀有效信息，并在后台完成数据筛选与分析，数据入口不仅能将用户数据以图表等方式进行可视化呈现，例如百度指数、知乎指数等，并且能够将分析结果及时反馈回平台，帮助平台在结构与内容方面进一步优化升级。

全媒体出版平台以“大数据”为支撑，如何收集与整理用户群体的细分数据对于创作和运营主体来说都是至关重要的。而数据入口是跨时空连接创作主体和目标受众的接触点，有着不可小觑的价值和功能。

作为全媒体出版活动的起点，全方位的数据入口为获取和分析用户的全方位数据、制定更为精准的出版策划提供了保障。从话题设置、出版品参与互动到内容形式的调整与发行策略、用户的体验与二次创作，数据入口贯穿了全媒体出版生产与流通的各个环节。

通过数据入口获取的有效数据不仅仅局限于出版产品本身，更多的是围绕用户群体，全方位、多维度地获取用户相关数据，这些数据不仅服务于出版主体的运营活动，更服务于用户在全媒体出版平台中的体验与参与度，为拓展跨行业合作和全媒体出版平台的品牌价值提供更多数据支持。

例如，全媒体出版平台可以根据用户的上网痕迹构建用户行为数据库，收集、分析关键词搜索、时间地域分布、浏览记录、购买经历、阅读兴趣等数据，将散落的读者变为数据化的可控粉丝，实现数字出版内容生产、客户服务、产业决策中的用户数据沉淀，既帮助作者找到有阅读兴趣的精准读者，并做个性化推荐，又帮助读者找到能满足其阅读需求的作者并提供定制化和个性化的内容渠道，从而将作者和读者有效对接。

（二）角色媒体

在去中心化的新媒体发展大潮中，自媒体强势崛起，以其平民化、个性化、低门槛等特点受到大众追捧。本书为区别于全媒体出版平台构建的其他自有媒体，引入了角色媒体概念，以具有社会人的角色属性的自媒体来界定角色媒体。

全媒体出版平台中包含了以下三类角色媒体。

1. 作为创作主体的角色媒体

创作主体是指文艺创作活动的实践者，在全媒体出版模式中，专业内容生产与用户内容生产互补，作者与用户都是原创内容的创作主体。

作为创作主体与受众接触和互动的首要媒介接触点，角色媒体可以有策略、多方位地展示媒介环境中的创作主体的角色特点，针对目标受众构建典型印象。这样，不仅能够拉近与受众的距离，增加信任感，同时也有助于提供增值服务、设置数据入口、拓宽营销渠道。微信公众号“罗辑思维”便是典型代表，它通过对其创始者罗振宇进行个性化塑造，精准划分自身的目标受众，推送“亲制语音”等策略巩固和加强“罗辑思维”的品牌形象，使其传播方式更加“个人化”和“互动化”，并能够根据目标群体的信息需求对出版品进行多元化二次开发，从而在目标受众心目中建构起与众不同的自媒体品牌形象，摆脱了高高在上的说教者的形象，达到了人们期望的有互动的、有深度的、平等的双向交流，有利于“逻辑思维”受众黏度的提升和增值服务的发展。

在此需要强调的是，具有同类创作主体属性的众多角色媒体的互动将会对受众和全媒体出版生产和流通产生明显的叠加效应。

2. 作为受众的角色媒体

信息技术的逐步成熟推动了受众向用户的转化，用户具有主动性强，与传播者之间互动频繁、界限模糊，需求更加多样化、碎片化等特点。

在互联网连接一切的时代里，跨地区、跨时间的交流与消费需要用户通过媒体入口与网络相连。在全媒体出版平台中，内容信息的流通与再创作、平台中用户与创作主体的互动、用户的社交娱乐等活动都需要用户以角色媒体来参与到线上线下的互动和消费等活动中。用户对平台活动的积极参与有利于平台的用户反馈机制更加高效地运行，从而获得更多“用户体验 UGC”与用户大数据。经过数字技术加工与处理后的数据与信息，对平台整体的优化升级、提升用户体验等都大有裨益。而为了提升用户活跃度，平台也常常会举办各种活动来激励用户的参与和消费，例如抽奖活动、会员制度、积分制度等。新浪微博的“转锦鲤”、点赞抽奖活动，淘宝网的 88 会员 / 超级会员，美团网的评价获积分或返券制度都是一种用户激励手段。

3. 游离在生产环节外的角色媒体

话题的关注度、舆论的可信度、受众的参与度等问题需要所谓的“公正、客观”的权威角色来给予评判和指引，游离在生产环节外的角色媒体便应运而生。

新媒体时代，我们一般称这种角色为“意见领袖”，其中最常见的就是明星、网红和公知。例如，微博平台中的大 V 账号和微信平台中的自媒体大号，上文提到的“罗辑思维”微信公众号就是典型代表。在全媒体出版平台中游离在生产环节外的角色媒体同样也包含了权威专家和知名人士两类角色媒体。

除了数字技术的升级、硬件设施的优化外，全媒体出版平台构建更应聚焦于“人”，尤其要重视用户心理需求。一套完整的以用户需求为导向的机制体系的建立，能够满足用户在认知、娱乐、社交、尊重、归属、自我实现等方面的多种需求，协助用户对该平台产生归属心理，增强用户黏性，有效提升其忠诚度以及对平台的参与程度，而且这些拥有强大归属感的用户，很有可能成为

"意见领袖"，自发地表达自己对平台的热爱，带来更多的话题关注度和更多新用户。

（三）内容创作

理想型全媒体出版平台中的内容创作是站在以"内容＋服务"满足用户多维度需求的高度上的创作，而非单一的出版产品的创作。

从创作内容的结构上看，可分为碎片化内容、微出版内容、常规出版内容；从创作内容的介质形式上看，可分为文字、图形、图像、动画、音频、视频等。

相较于以往的出版模式，全媒体出版平台更加注重提供满足用户体验与互动的出版服务，而非仅仅局限于闭门生产内容本身。

1. 内容类媒体出版品

内容类媒体出版品以多介质形式呈现出版品，涵盖了微出版品和常规出版品两种类别。目前，微出版与微出版品尚未有准确的定义。本书较为倾向于赵彬对"微出版"的界定，他认为"微出版"是个人、出版机构或组织通过数字节点传播的方式，利用线上微媒介平台与读者即时互动以传播信息、获取反馈，推动线下图书作品的编辑、复制和发行的出版活动。[1] 而微出版品则是在微出版活动中生产的作品。常规出版品则是指出版社或出版公司对某些有市场前景的作品进行全面包装后的出版产品。

从传播方式上来看，内容类媒体出版品以单向推送形式为主，在满足用户

[1] 赵彬 . 我国微出版的发展现状及管理研究 [D]. 开封：河南大学，2015：27.

出版消费的同时，也为全媒体出版平台提供了广告投放界面和数据入口等功能，为设置数据入口和全媒体出版平台价值的提升拓展了空间。

新媒体时代，几乎每个平台都在奉行“渠道制胜和内容为王”的发展策略。渠道的打通以数字技术为支撑，互联网环境下的信息传播打破了时空限制，高效便捷、丰富易取，掌握一门媒介技术并非难事，但想寻求优质的内容却并不容易。互联网信息虽包罗万象但门类庞杂且质量参差不齐。UGC 虽充实了网络但碎片化严重且用词、语句等多有不妥；PGC 质量相对较高，但大多受限于版权无法使用。因此，优质的内容产品既是全媒体出版平台的渴求，也符合用户需求，是全媒体出版平台发展的核心与关键。

优质的内容类媒体出版产品有利于提升用户对平台的归属感。用户对出版品的选择是综合因素影响下的结果，既与用户的客观需求有关也取决于其对该出版产品是否能产生文化认同和文化归属感。优质的内容产品能够展现出自身所属文化体系的独特魅力，有助于对同种文化具有认同感的用户进行快速辨析，可以让用户更快地找到归属、对号入座。而归属感有利于用户活跃度的提升，有利于用户对平台的口碑传播，有利于 UGC 的产生和用户体验的及时反馈。

好的内容会成为吸引流量的重要因素。优质内容产品的营销除了给品牌带来曝光以外，更容易形成热点话题，引发大范围讨论，有助于内容产品向服务产品的转变，有利于服务类媒体出版品的价值增值和流量变现。

2. 服务类媒体出版品

在互联网思维热议的今天，企业的经营模式也由经营产品向经营用户转移。这种转变是由新媒介环境之下的传播秩序决定的。传统传播语境下，“传”“受”

界限泾渭分明，信息偏向从上而下的纵向传递，反馈渠道闭塞，企业以本位需求为导向生产产品。互联网与移动互联网打破了传统传播语境，受众变被动为主动，完成了向用户的转变，其存在感和用户需求凸显，企业逐步意识到了用户价值的重要性，开始以用户为导向进行生产活动。

因此，当下，如何通过平台将用户聚合起来产生更加旺盛的消费能力，如何满足用户的归属感、存在感和参与感，让用户参与到出版品的创作和流通中去，参与到平台的品牌传播中去，在出版品消费活动之外融合长尾经济和粉丝经济是服务类媒体出版品的首要任务。

知乎是国内最大的社会化问答平台，它以社交的方式将“问”与“答”连接在一起，使“需求”与“响应”在平台上实现对接，通过问答、专栏、知乎在线（Live）、值乎和知乎书店等产品矩阵，对有“知识供求”的用户进行全覆盖，成功吸引了一大批用户入驻。并且，知乎利用“知识付费”的模式，将知识变为服务类出版产品。“付费授权”与“评论”“赞赏”” 功能一方面激励了“回答者”，有利于其进行知识生产，积极参与互动；另一方面，逐渐培养了用户为优质内容和有价值的知识付费的消费习惯，使用户在知识得到满足的同时将此种价值观传递出去，有利于潜在用户的挖掘与培养。

服务类媒体出版品主要围绕着出版活动周边的用户需求提供服务。从用户需求角度可以分为娱乐休闲类、社会交往类、展示交流类等。

还可依据用户群体的属性细分服务类别，以已婚女性群体为例，可以围绕家居装饰、厨艺交流、时尚购物、自我修养、家庭情感等维度来设置服务类媒体出版品的类别，其宗旨就是为用户群体提供更好的体验与互动服务，在提高用户黏合度的同时，拓宽平台的盈利方式和品牌价值。

（四）自有媒体渠道

自有媒体（Owned Media）是相对于大众媒体而言的，指品牌方自己控制的渠道和途径，是由品牌自行管理的，比如官网、官方微博、自营微信公众号等。此概念源于互联网以及社会化媒体的蓬勃发展背景下，IAB美国互动广告局提出的以社交媒体为核心的整合媒体策略模型——POE媒体模型。与之相伴的还有付费媒体（Paid Media）和赢得媒体（Earned Media）。

自有媒体能够帮助平台与消费者直接沟通，与直接或潜在用户以及赢得媒体建立长期的关系，具有可控性、长期性、多样性、经济性、无保障，但可信度低、拓展速度慢等特点。

在全媒体出版平台的运营中，自有媒体渠道传播具有以下优点。

（1）由于平台方的直接控制，自有媒体无论经济成本还是时间成本、精力成本相比于付费媒体和赢得媒体等第三方媒体渠道都相对较低，且在内容选择、形式应用、出版时间、空间等方面受限少，自主性更强，方便获取，随时发布，随时更新，能够灵活调控，积极配合全媒体出版平台的整体出版策略。

（2）自有媒体渠道有利于用户大数据的收集。用户通过第三方媒体渠道链接进入全媒体出版平台时，用户流量与用户数据信息会被第三方媒体拦截或者分割，导致用户数据资源的流失。但用户通过自有媒体渠道进入平台，用户行为就会被自控数据入口跟踪收录，有利于用户信息的完善、数据资源的完整、用户体验的及时反馈等。

（3）自有媒体渠道培养的用户忠诚度更高。例如微信公众号与微博，用户对其订阅与关注都出于自我意志，用户愿意接受推送并付出时间与精力处理相关信息，对品牌自有媒体的观点进行思考和判断，说明其通常都对品牌较感兴趣，对产品具有一定需求度。原本就具有一定活跃度的用户在经过线上线下活动共同培育后，很大程度上能够参与进全媒体出版的生产环节，成为 UGC 的提供者，甚至优质内容创作主体。

在罗振宇的“罗辑思维”成为热点的案例中，我们不难发现自媒体对渠道的作用的确日渐明显。在全媒体出版平台的建构中，角色媒体、服务类出版品所具有的营销与渠道的作用累加使得平台拥有了强大多样的垂直渠道路径，将会为全媒体出版平台的渠道自有化建设提供有力支持，同时也降低了渠道成本，提高了全媒体出版平台的竞争力。

二、全媒体出版平台的运作模式

（一）全媒体语境下的内容 IP 生态运营模式

全媒体出版属于内容产业，平台以内容为核心基础进行全方位发展，虽然“全媒体 + 互联网技术”的新型生产方式颠覆了传统出版业的生产流程，但并未动摇“内容”的核心地位，无论是对其进行二次开发还是价值深挖都是以内容为核心的多元化表达。消费者虽然欣喜于新技术带给出版品的新的呈现方式和表现形式，但归根结底需要的还是“内容”这个内核。因此，全媒体语境下，更要重视“内容”运营模式的构建，充分利用先进的信息技术以及全媒体平台的结构优势，积极提升内容的运营效率，开发内容附加价值，进行内容的资产化管理，将优质内容打造成一条价值丰厚的产业链条。

下文中，为更加清晰地说明和解释全媒体语境下的内容 IP 生态运营模式，我们将其分为四个维度，逐层梳理。

1. 内容与 IP 的维度

IP 是 2015 年之后才逐渐兴起的概念，尚未有明确的解释和界定。有学者指出其特点为有着独立人格魅力，能形成一个拥有相同兴趣或者价值观的社群，用户的参与感最终转化为消费。❶ 因此，我们可以将 IP 理解为内容的扩展与迭代，其核心依旧是内容，而内容的最终任务就是发展成为优质的 IP。

IP 分为以下三种不同的层级："源 IP""次生 IP"和"衍生 IP"。如图 2.2 所示。

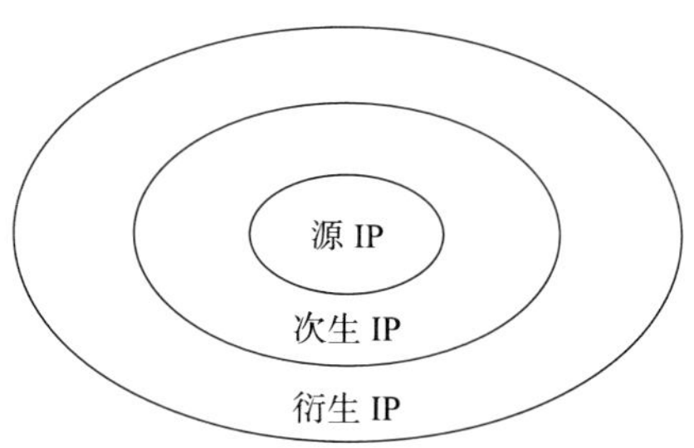

图 2.2　IP 分类结构图

"源 IP"处于核心位置，是内容创作者最初创做出来的内容产品，未经过任何途径的改编和加工，以最本源和直接的方式展示在用户面前，如文字作品、音乐、漫画等。

❶ 朱云 . IP 思维指导下的新型媒介内容生产形式研究 [D]. 西安：陕西师范大学，2018：29-30.

“次生 IP”是对“源 IP”的二次开发，例如，文字作品的影视化、漫画作品的动画化等。处于“次生 IP”阶段的内容产品由于“源 IP”阶段受众积累以及多渠道传播效果叠加的影响，往往能获得最高的关注度。基于此，对“次生 IP”价值的再次深挖不可避免，“衍生 IP”应运而生。

“衍生 IP”处于 IP 圈层的最外环，是根据“源 IP”和“次生 IP”衍生出的相关产品，是对周边资源的开发利用，既可以是根据已成型的多形式内容产品衍生出的文化创意产品，如手办、书签、表情包等，也可以是 IP 的跨行业融合，如迪士尼出品的主题公园、酒店，故宫出品的综艺“上新了故宫”等。

2. 出版品维度

在互联网、移动互联网迅猛发展的大背景下，全媒体出版平台以互联网思维和 IP 思维发展自身，将 IP 思维运用到内容生产中去，对产品进行全媒体、多维度、深层次的开发出版，针对不同用户群，生产差异化的产品。

内容类出版品基本上是对原创内容的二次开发，如传统内容资源的数字化以及数字内容资源的纸质化等。多元的表现形式能够满足不同用户的多样化需求，并有助于在不同领域扩大 IP 的影响力。例如，中文在线的全媒体出版从数字阅读延伸至影视、动漫、游戏、有声作品、其他衍生品等领域，不仅开发已有的 IP 资源，而且在 IP 诞生伊始，就深度嵌入影视、动漫、游戏等领域接口，多维度地放大 IP 的价值，通过内容资源的深度挖掘和多维度开发，以文学为起点打通泛娱乐产业链，共享泛娱乐生态。

3. 知识服务的维度

全媒体出版产品除了内容类出版品外，还包括服务类出版品即知识服务。服务类出版品是对 IP 附加价值的进一步开发，其本质是把内容（知识）变成产品或服务，以实现商业化价值，例如“知乎”“喜马拉雅”“得到”等内容付费类 App 的运作模式。

服务类媒体出版品的发展有助于出版业打破陈规，摒弃刻板模式，以互联网思维重新考量“出版”概念，在新一代信息技术的支持下，积极拥抱“互联网 +”，进行跨界融合，探索新的发展途径和盈利模式。

4. 社交维度

社交是全媒体出版平台中的重要组成模块和内容生产流程。前面中我们提到了赢得媒体，而“赢得媒体”的最好方法就是社交，通过陌生人或好友之间的内容分享，以“转载”“转发”等形式快速打通第三方媒体渠道，取得“赢得媒体”的支持。社交一方面扩大了 IP 的影响力，有利于树立品牌形象，积累用户；另一方面有助于平台获取大量的用户数据和 UGC，利于平台的迭代与升级。

移动互联网的发展使内容、社交、服务三种要素的交融更加深层，其在全媒体出版平台中的具体体现为：在出版活动中，数据入口、内容媒体出版品、服务类媒体出版品以及以多种媒介渠道为依托的社交活动之间的紧密联系与协作。其中，数据入口是基石，大量的数据采集和智能分析为内容产品及服务产品的出版发行提供现实依据；优质的内容产品在满足市场需求的同时为服务产品增添附加价值，为社交活动提供探讨话题；服务产品与社交活动相互配合，一方面能够聚合大规模用户，积累更多的用户数据信息；另一方面有利于拓宽市场，创新盈利模式。

全媒体出版平台以内容为核心，致力于打造内容 IP 生态圈，通过打造优质的全媒体出版内容（IP）集成全媒体出版的上下游资源；通过线上线下的社交互动积累用户数据与优质 UGC，及时掌握市场动向和用户需求；通过一体化综合服务平台实现供需精准对接和平台价值转化，从而集聚资源、响应需求、创造价值，打造出一个完美的闭环生态圈，实现真正的全媒体出版。

（二）建立在关系基础之上的社群经济模式

全媒体出版平台以建立关系为基础，连接内容与服务，通过社群模式激励平台用户主动参与进产品的生产、宣传、消费等中心环节，并将多元化的参与主体转化为数据化的平台用户，顺畅实现产业上下游的供需对接。

全媒体出版平台关系网的建立主要通过线上深度互动与组织线下活动两种方式。

1. 线上深度互动，培养社群核心用户

社群经济以关系的建立为基础，通过社群成员在社群中的互动，产生信赖关系，以感情为纽带链接生产业与消费者，互利互惠，共同创造经济价值。

这种建立在产品与粉丝群体之间的情感是信任 + 价值反哺，共同作用形成了自运转、自循环的范围经济系统。产品与消费者之间不再是单纯的功能上的连接，消费者开始依附附着在产品功能之上的诸如口碑、文化、格调、人格魅力等灵魂性的东西，从而建立情感上的无缝信任。

平台通过共同的兴趣爱好或价值认知将用户聚集到一起，并通过设立准入门槛、定制社群规范等手段筛除掉一些无效用户，同时提升成员的归属感，有导向地构建起一个基于信任的关系社群。社群为成员提供更为优质的产品或服务，激发成员的讨论与生产热情，使之成为重要生产力，对产品产生价值反哺，从而实现资源的高效利用，支持平台的可持续发展。

浸润于互联网思维的全媒体出版平台摆脱了传统工业化思维的影响，“脱版化”的生产模式消解了传统出版流程中以“纸”为中心的生产环节，进而打破了传统出版业的垂直价值链，并将自身的存在意义定位为“连接器”，实现数字产品需求方和供给方的高效对接，进行平台价值转化。

全媒体出版平台与社会网络、人际关系的连接不只是物理连接，而且是心理连接，包括情感交流、精神交往和需求响应。连接的不仅仅是一个个用户，还包括不同的网络社群。❶ 网络社群的互动有利于促进成员与平台之间以及成员内部的深度交流与沟通，对形成社交化的阅读习惯大有裨益。

例如，会员制营销模式。会员制也是建立在关系基础之上的营销模式，平台通过内容输出或组织活动的形式刺激会员进行交流反馈，相互影响，为其提供专业化服务和精准营销，提高会员的活跃度、忠诚度和对平台的归属感，增强用户黏性，有助于平台的长足发展与盈利。

“罗辑思维”就是会员营销模式的典型代表，其微信公众号通过“200 元 / 1200 元”会费缴纳的形式筛选出了真正具有共同价值观并确保能付出行动的会员，并在每天早上约 6：20 由罗振宇亲自发送语音消息进行内容输出，更深层

❶ 谭天 . 媒介平台论：新兴媒体的组织形态研究 [M]. 北京：中国人民大学出版社，2016：39.

地培养用户的阅读习惯。对“罗辑思维”节目相关话题的讨论与差别化的会员服务，激发了成员的讨论与创作热情，促使他们在产品消费之外也参与到产品的生产、推广等诸多环节。

2. 组织线下活动，增进成员间关系

线下活动是线上活动的扩展与延伸，有利于增强全媒体出版平台的影响力，增进用户之间的信任关系。一方面，线下活动让社交回归实体，看得见的直面交流为用户打造沉浸体验，有助于刺激线上社群的话题再造、社群重组等，实现“虚情”向“实意”的转化；另一方面，线下活动更具感染力，现场气氛和用户体验感受更强，获取和培养的用户更为真实可靠。

网易云音乐以大量优质 UGC 为核心组织举办了一系列活动，包括 H5 年度分析报告、线上歌手大赛、“毕业季”主题线上活动，以及联合人民日报出版社出版的《听什么歌都像在唱自己》；打造网易云乐评矿泉水、乐评专列、音乐专机、“2018，照见自己”等线下活动，以线下配合线上、线上推动线下的方式，通过强内容品牌绑定用户，在社群的基础上与用户一起打造内容，推动了平台与用户关系的增进，有利于用户黏性的规模化聚合。

（三）以服务类产品为发展重点的商业增值模式

以服务类产品为发展重点的商业增值模式，是以提供服务为手段，通过服务产品带来良好用户体验而形成的增值性的盈利模式，主要表现为延伸内容产品和社交活动的价值，通过内容转向服务而获取利润。

全媒体出版平台实行社群营销模式，其必须对内容与场景背后的价值保持清醒认知，致力于为用户提供优质、有趣的内容，创造更具沉浸性的情绪场景，从而增强用户黏性，提升服务类产品的有用性和竞争力。

目前，全媒体出版平台已涌现出场景化知识付费服务、多版权运营服务和电商服务等多种盈利模式，形成多方共赢的泛内容综合服务生态圈。

1. 知识付费服务

知识付费是指以付费的形式换取知识内容及其附加价值的变现模式，其既有利于调动内容创作者的积极性，又能帮助用户高效筛选信息，容易形成正向循环。

“得到”App 是“罗辑思维”出版的服务类媒体产品，贯彻了“罗辑思维”视频节目与微信公众号严格的用户筛选标准，采用社群经营模式，挖掘社群成员的核心价值，致力于为用户提供多样化的需求场景和动态知识产品，引导用户付费，实现知识的变现，截至 2018 年 5 月，其用户数量已逾 2000 万。

“得到”App 根据场景和用户需求的多样性对内容进行差异化开发，在打造“订阅专栏”“大师课”“精品课”“每天听书”等延展性和完整性较强的系列收费产品的同时，将“罗辑思维”“李翔知识内参”“部分课程试听”等精品节选、短时长语音科普等碎片化内容向全体用户免费开放，一方面，将不同需求层面的读者全方位覆盖，并通过付费与否筛选出核心社群成员，利用社群分享机制主动宣传产品，进而吸引新用户加入和积淀社群品牌；另一方面，利用不同场景来满足不同用户的需求，有利于逐渐培养用户为优质内容和有价值的知识进行付费的消费习惯。

2. 多版权运营服务

多版权运营是“IP”视角下，对优质内容资源的深度挖掘和多维开发，包括电子版权分销、纸质书出版、影视改编、游戏改编、动漫改编、周边衍生品开发等。

中文天地出版传媒股份有限公司（以下简称“中文传媒”）对南昌西汉海昏侯墓的IP开发实现了多版权运营，截至2017年8月，围绕“惊天考古发现海昏侯墓”这一主题，中文传媒已推出了13种图书（其中6种实现了版权输出）、1部网络大电影、1部院线大电影、1部同名电视剧、百余个品种的文创产品，致力于将其打造成创意文化的核心增长极。

多版权运营模式以互联网思维为理论依据，“跨媒”“跨界”进行全媒体出版活动，延伸了以“IP”为核心的产业价值链，重塑了传统出版业的生产形态和商业模式，并在此基础上构建版权消费生态圈。

版权消费生态圈的作用包括开发版权产品集群、逐渐培育版权产品集群的消费习惯 、由版权产品消费习惯这个入口通向更大的消费领域，产生更大半径的消费圈。由此，以全媒体出版平台为纽带，完成版权内容的获取和集成、版权产品的生产和运营，实现多版权价值变现和增值。[1]

3. 电商服务模式

目前，全媒体出版平台的电商营销渠道包括传统电商服务与社群电商服务两种。

[1] 谢清风．一体化：版权运营推动出版融合发展[J]. 科技与出版，2015（9）：33.

传统电商通常依靠规模化的流量实现价值转化，具有数据化、开放性、成本低等特点，但近年来，随着市场的逐步饱和，传统电商的流量增长放缓，“截流而非引流”开始展现价值。在“社交”概念启发之下，由传统电商模式衍生出的新形态电商模式——社群电商，市场潜力巨大。社群电商以“社群”为基础，在对内容资源精耕细作的同时利用社会化媒体进行输出，聚合以信任为价值核心的用户群，不仅能更加精准地定位目标用户，为其提供匹配度更高的商品和服务，实现价值转化，而且有利于产品的跨界开发，从而形成以优质内容为核心的产业链甚至生态圈。

目前，全媒体出版行业已经出现了较为成熟的社群电商模式。基于移动终端和社交媒体的社群电商、内容电商等自媒体公众号，通过高分享性的内容分发，与读者建立真正的连接，直接关联购买界面，迅速促成消费。[1]

“罗辑思维”创立初期以微信公众号为依托，专注于优质内容输出，现经过核心用户的逐步沉淀已发展成为极具价值的独立品牌，并接入了用户到达的各种最便捷的流量入口，形成了“微信 + 商城 + 知识付费 App+ 直播 + 读书会”等构成的线上线下商业闭环，实现了内容生产、内容传播、内容消费的全生态布局，既满足了不同用户的体验习惯，提高了用户对产品的感知，增强了用户黏性，又提升了全媒体出版内容和服务产品的精准营销转化率。

嵌入社交环节，建立起多主体之间的良性交互，构建多方共赢的泛内容综合服务生态圈是社群电商模式对全媒体出版平台优化的最大启示之一，此外，在营销方式、组织构架、人才结构方面社群电商模式也颇具借鉴意义。

[1] 徐锐 . 数字出版共享平台构建与运营模式 [J]. 中国出版，2018（1）：28-29.

第三节　全媒体出版平台的特点

一、内容多样化

全媒体出版的内容创作是在用户的出版消费与周边需求活动的基础上，以实时动态的数据技术为支撑的统筹策划与生产方式，按介质形式可分为文字、图形、图像、动画、音频、视频等，按内容结构可分为碎片化内容、微出版品、常规出版品三种主要形式。

多样化的内容满足用户在阅读、社交、娱乐等层次的需求，创作主体在数据分析与媒介互动等支持下，针对用户群体的接受特性、全媒体出版品的不同功能特点等因素统筹生产同主题的多样化内容，满足用户消费、参与、互动体验、再创作等多种需要。

“中文传媒”在海昏侯墓正式面世之时便立刻成立策划团队，其中包括出版人、编辑、历史学家、考古学家等对海昏侯进行论证、调研和选题，在对市场需求和用户心理进行分析后，立刻就“海昏侯”这一主题进行了全媒体开发，其旗下的七家出版社有五家参与了海昏侯系列图书的开发，并推进了该主题数字产品的开发运营。中文传媒旗下的江西教育出版社以用户需求为导向，运用互联网思维，精准定位，从不同角度打造了《发现海昏侯》《纵论海昏》《刘贺证史——海昏出土的西汉记忆》等多种图书，同时，借势《发现海昏侯》，策划了《揭“墓”海昏侯》《考古手记》图书的出版，开发了大型影视动漫作品《海昏魔镜》等。此外，中文传媒还推出了系列网络大电影《海昏侯传奇之猎天》、院线电影《海昏侯密码》以及同名电视剧，其子公司江西中文传媒艺术品经营有限公司与江西省文物考古研究所达成合作，取得海昏侯考古成果衍生文创产品开发授权，研发出“再现海昏”系列文创产品百余个品种，并参展了2016年的深圳文博会、艺术江西博览会等。

在“海昏侯”全媒体出版案例中，中文传媒通过敏锐的观察分析能力精准地抓住了市场空白点，又针不同时间节点、不同用户群体的需求，进行了差异化的全媒体出版活动，全方位、立体式开发海昏侯文化的IP资源，出版了同主题下内容偏重不同、展现形式不同的产品，满足用户的多种需求，提升了用户体验感。

二、数据多维化

依据互联网时代特征所建构的全媒体出版平台，最大的特点就是落实以用户为中心，为创作主体和用户需求建立优化的互动与出版平台。

数据技术与云计算的运用是整体全媒体出版平台得以良性运营的数据保障，可以说大数据技术能够服务于全媒体出版生产的整个过程。

首先，全媒体出版平台中与用户的全媒体接触，为多维化的数据入口提供支撑，能够实时收集用户在出版消费及周边需求活动中的动态特征，不仅为创作主体的整体统筹策划与内容生产提供了实时的数据分析，而且也为制定与用户互动策略、满足多样化体验策略提供了依据。

其次，大数据技术可以为优化出版业务流程服务，对数字产品的管理、营销、资源、客户等各个流程进行优化，同时还能够对数字产品的生产过程进行优化，如内容规划、数字化同步、发行管理、智能排版等，提高效率，节省出版时间。❶

最后，大数据技术能够记录每位用户的个人历史数据，包括用户的消费倾向、喜爱偏好、反馈内容等，并按照需求、场景、人群、主题等把产品划分为与消费市场贴合度较高的不同类型，为用户推送定制化内容，提供多样化的筛选依据，帮助用户提高搜索效率，减少重复行为。

另外，全媒体出版平台还可以通过大数据技术建立数据反馈机制，使用数据挖掘功能，对数据进行智能分析，对用户体验进行评级和打分，根据分析结果调整自身的出版策略。

三、媒体矩阵化

在媒体发展进程中，去中心化的自媒体和垂直媒体的崛起，为全媒体出版平台建立一个可控的媒介环境提供了契机。

在满足用户多样化需求的基础上，依据 PRAC 法则，建构了平台管理、关系管理、行为管理和风险管理的媒介矩阵，其基本特点有三个。

第一，多种角色媒体、内容类媒体、服务类媒体等的多维度布点。全媒体出版的媒介矩阵以用户需求为导向，以角色化媒体建构网络社交与归属的虚拟的社会化角色，以多样化媒体形式丰富用户在内容类出版品消费过程中的体验与互动，以媒体的多功能整合为出版活动提供周边延展服务。

❶ 李雪松．论大数据技术在数字出版中的应用 [J]. 科学技术创新，2017（28）：19-21.

第二，针对用户需求和体验的多样化，不同功能媒介彼此分工合作。横向上，环境宽松、门槛较低的自媒体语境下，用户的活跃度更高，其对内容的生产与传播过程的参与有助于用户生产内容的充盈以及基于某种共同兴趣或相似价值观的社群的多次凝结。纵向上，垂直媒体在新一代信息技术的不断升级之下更加精细化，在协助用户精准定位所需内容区域的同时跟踪记录用户的操作步骤，对数据进行实时反馈。这一方面有利于平台分析用户偏好，为其提供便捷服务或个性化推送；另一方面有利于平台预判用户行为，提高搜索结果的精准度。二者的有机结合构成媒介矩阵，使全媒体出版平台的用户体验得以提升，媒介环境的可操控性进一步增强。

第三，媒介矩阵的议程设置依据出版策划的目标和进度，统筹管理形成共振效应。多方媒介通过事前统筹，对同一出版品进行互动和讨论，在媒介间议题上实现双向流动与影响，起到相互补充的作用，从而使出版品得到强度较高的关注。

媒介矩阵的建构不仅能有效持续地汇聚用户群体，同时为内容的生产创作、用户群体价值的延展、各类媒介出版品牌的建设、营销与推广的高效提供了积极主动的媒介环境。

互联网连接世界的步伐不断加快，新媒体不断发展，人们了解世界的途径越来越依赖多样化的媒介，媒介矩阵成为品牌构建自我形象与价值、建构积极主动的媒介环境、满足用户多样化需求与体验的重要阵地。

四、产品跨界化

全媒体出版平台的建构是以满足用户需求为中心理念的适应互联网、移动互联网时代发展特性的出版平台，其主要任务是提供满足当今用户需求的“产品+服务”的生产活动，不仅提供传统出版界定的出版品，而且在借助出版内容生产优势的基础上，衍生相关的内容服务体系，即本次建构的全媒体出版平台中的“服务类媒体出版品”，满足用户的出版消费及周边活动的相关需求。这样不仅能够提高用户的体验感，更能够以出版内容为核心竞争力延伸全媒体出版产品链，拓展全媒体出版平台的盈利模式，提升出版品牌价值。

在数字技术与互联网技术的早期影响下，传统出版业早已开始了网络化与媒体化的转型之路。自 2008 年《非诚勿扰》开启了全媒体出版模式的探索之路以来，大出版业以音乐、游戏、图书、视频等为代表的各类出版行业开始了跨媒体延伸的各类尝试。如完美世界公司的游戏产品《笑傲江湖》及电视剧《古剑奇谭》等都是跨媒介延伸出版的典型案例。另外，随着媒介融合的深入，新媒体的多样化发展，出版业从创作主体、出版机构、发行渠道等方面也开始了产品跨界的尝试。以创作主体为例，罗振宇的微信公众号“罗辑思维”和陈坤的微信与易信的公众平台不仅汇聚了数量众多的有效目标受众，而且在内容的创作、出版品的渠道营销等方面都发挥了积极巨大的作用。

随着新媒体技术的发展，“IP”概念的火爆以及 UGC 的不断丰富，产品跨界的技术与内容条件越发成熟，出版业的跨界运营已经有了一定的成果，诸如“故宫”等从互联网里走出来的文化品牌，经过线上线下融合发展，正在以最大的扩张力覆盖着市场。但由于我国的全媒体出版仍处于初级阶段，无论是在意识重视度、主体参与程度还是产业链的流畅程度等方面都存在一定局限，因此还需要在跨界合作中不断寻求更多的思路，找到突破点，使产品跨界运营更加成熟和完善。

五、出版动态化

互联网与新媒体的迅猛发展加快了信息生产与流通的速度，但出版业在探索具有普适性与可复制性的数字化、媒介化出版平台体系架构的实际过程中遇到了障碍，一些传统出版阶段实施的战略策略，规划好的重点项目都亟待改革，行业面临着更多不可控因素。

传统的模式化的静态生产已难以适应数字化浪潮之下的出版业态。随着出版业的生产流程发生变化，数字出版也快速迭代，全媒体出版平台从与用户的互动与反馈到出版选题策划、内容的创作与测试、微出版品的深入互动与推广、完整出版物的制作与发行等各个环节都是在与用户的互动和数据的收集与分析过程中动态化的出版过程。

技术上，平台借力新媒介技术的力量实现出版过程的动态化，并在改革之后更加重视新技术变革所带来的内容与环境的数据累积。大数据的未来令人期许，技术的不断进步升级能够增强用户与平台提供内容的关联性，更为精确地记录和分析交互过程中的有效数据，既克服了传统阅读难以立体化抓取和解读用户行为的缺憾，又有利于平台与用户建立起更为密切的联系，即时掌握用户需求，推动平台的建设以及行业整体的发展。

在满足用户需求上，出版过程动态化的转变源于行业在互联网思维下对“用户本位”的思考与探索。互联网首先是一种关系，所以数字阅读与出版天生就具有社会性，“动态化”从生产者和用户两个方面都更加强调随着人群的迁移和行为习惯的细微变化而进行的转变，甚至还要以本行业和平台之力尽力引领和带动这种变化。❶正如麦克卢汉所言："每一种新媒介的产生都开创了社会生活和社会行为的新方式。"同样，行为的聚合与走向也在一定程度上影响着媒介技术的发展进程和方向。网络时代的用户的行为分析迭代迅速，网民的行为习惯随着技术的更新不断变化，例如，网民从互联网向移动互联网的迁移，从"QQ"到"微博""微信"的迁移等。因此全媒体出版平台的出版过程虽然已经转向了动态化，但随着多种因素的参与，它的未来会承载更多的跨界与融合，以更加开放的姿态、更为灵活的思维去大胆地寻找和探索全媒体出版的未来也是新一代媒体人应该学会的。

在当前互联网不断渗透传统行业的大背景下，全媒体出版平台的成功构建成为了推动出版业数字化转型发展的关键步骤，它更新了出版理念，颠覆了传统出版业从生产流程到产业特性的运作模式，呈现出更为丰富的出版品的内容与形式，对出版产业的优化升级、用户新的消费理念的培养等都有着积极影响。

❶ 数字出版：左手技术，右手内容 [N]. 中国新闻出版广电报，2014-2-27（7）.

第三章　全媒体出版的媒介矩阵

“媒介”作为互联网时代进行传播的一个核心，是全媒体出版中必不可少的一部分，构建更加全面的媒介矩阵来服务于全媒体出版，创造更大的社会价值是我们努力的方向。本章将从全媒体出版的媒介类型、全媒体出版的媒介矩阵建构以及全媒体出版的媒介价值等方面进行研究，为全媒体出版媒介矩阵的构建提供理论参考和实际操作的案例分析。

第一节　全媒体出版的媒介类型

网络时代的到来不仅让传播者的权利下放，人人都能成为传播者，同时也让“把关者”的权利下放，不只有“官方”才能发布。互联网时代让受众越来越注重个性化发展，“私人定制”成为互联网公民合格的标志，因此衍生出不同类型的媒体，满足不同的受众。我们将全媒体出版媒介矩阵中的媒体分为角色媒体、内容类媒体和服务类媒体三类，并分别进行了详细分析，总结出每一类媒体的社会属性和社会角色。

一、角色媒体

作为创作主体与受众接触和互动的首要媒介接触点，角色媒体可以有策略、多方位地展示媒介环境中创作主体的角色特点，构建对受众的典型印象。这样不仅能够拉近与受众的距离，增加信任感，同时也为提供增值服务、设置数据入口、拓宽营销渠道起到推动作用。根据每一类角色的不同，可以将角色媒体细分为“作者”角色媒体、“受众”角色媒体和“把关”角色媒体三类。

（一）“作者”角色媒体

全媒体出版时代，创作主体是整个媒介矩阵结构的第一环，是核心内容的生产制造者。而作为创作主体的媒介处于产业链的最上游，是不可小觑的初始环节。目前作为创作主体的媒介主要分为以生产用户喜闻乐见的原创内容为主的自媒体和提供自制原创内容的品牌媒体两种。

1. 作为创作主体的“自媒体”

自媒体又称公民媒体或个人媒体，是互联网时代下催生的产物，是一种新型的网络媒介形态，是用户可以通过网络平台在任何地点、任何时间发布自己的新闻或者分享自己的真实观点和生活片段的即时传播方式。

自媒体的具体形式包括博客、微博、个人日志、个人主页等网络平台，目前最有代表性的自媒体平台包括国外的 Facebook、Twitter，国内的 QQ 空间、新浪博客、新浪微博、豆瓣小站、微信公众平台，等等。

全媒体出版时代，自媒体是最典型的原创媒体形式，像前几年爆红的 Papi 酱就是自媒体中的典型代表。Papi 酱在 2016 年凭借原创短视频内容迅速走红，后来还成立了短视频（Multi-Channel Network，MCN）机构——Papitube，主要负责短视频创作以及自媒体服务，目前 Papitube 旗下签约人数已达 60 位，并且获得了 1.2 亿元的融资。虽然 Papi 酱的走红看上去与其他网红一样充斥流量的因素，但是 Papitube 作为自媒体 MCN 机构，它所生产的内容是具有原创属性的，不同于那些单单是依靠话题度的网红。

目前自媒体的盈利主要依靠广告和用户内容付费，用户在微博、微信等平台上通过打赏等方式使自媒体实现内容变现。自媒体作为创作主体，它的内容是具有变现价值的，这也是目前自媒体作为内容创作媒体的意义所在。

随着自媒体用户群体的不断增长，自媒体平台在出版品牌传播方面也大有用武之地，它让出版品牌的传播方式变得更加多元化。出版社、图书营销公司、编辑人员、作者等出版品牌的各个构成要素都可以拥有各自的自媒体账号，出版品牌所包含的每个团队和个人都拥有了自己的发声平台，他们可以通过自媒体平台开展一系列出版品牌传播活动。例如，推广新产品、策划促销活动、完善客服体系等。在出版品牌的传播过程中，如何最大限度地发挥自媒体平台的价值已变得越来越重要。

2. 作为创作主体的“品牌媒体”

作为创作主体的品牌媒体是指具有一定规模和品牌知名度的为用户提供原

创内容的媒体。在传统出版时代中，新华社是最典型的内容创作媒体，负责生产新闻稿件并将其提供给各大报社和广播电视台，目前在传统媒体领域，新华社仍然是最具知名度的内容媒体。而在全媒体出版时代，出版渠道和出版内容的界限逐渐被打破，虽然内容生产媒体依旧存在，但是很多媒体平台也开始涉及内容生产。

近年来，爱奇艺、腾讯、优酷等视频传播平台也开始创作自制内容，近期一大批火爆的影视作品和综艺节目全部来自于平台自制内容，如《中国新说唱》《创造 101》《明日之子》《白夜追凶》等。优酷在 2017 年自制的网剧《白夜追凶》不仅在国内收获好口碑，在国际上也广受好评，美国著名视频网站 Netflix 还引入了《白夜追凶》的版权。

全媒体时代，出版内容与渠道的界限逐渐被打破，开发原创内容的主体也越发多元化。作为渠道的视频平台由于与受众的关联性和互动性强，更加了解受众的兴趣点和需求，这正是近几年平台自制内容受到追捧的主要原因。再加上近几年全民版权意识增强，内容付费的消费形式越来越被受众所接受，电视剧、音乐、网络文学版权费用水涨船高，使得视频平台对内容开发的重视程度不断加大，平台原创内容不断崛起。

（二）“受众”角色媒体

在互联网连接一切的时代，跨地区、跨时间的交流与消费需要受众通过媒体入口与网络相连。在全媒体出版平台中，内容信息的流通与再创作、平台中受众与创作主体的互动、受众的社交娱乐等活动都需要受众以角色媒体的身份来参与到线上线下的互动和消费等活动中。

作为受众的角色媒体在互联网时代所扮演的是舆论推动者和消费者的角色。

1. 舆论推动者

受众作为舆论推动者这个角色是在互联网环境下产生和发展起来的。在传统出版时代，受众只是作为信息接受者，单向接收媒体传播的信息。而在互联网时代，网民不仅是信息的接受者，同样也是生产者和反馈者。在大众传播过程中，受众不再被媒体的议程设置完全左右逻辑和认知，他们可以直接参与到整个信息的传播过程中来，并影响舆论。比如我们常用的转发、评论功能就是直接参与信息传播过程的方式。

受众作为舆论推动者虽然使其话语权得到了保证，但由于互联网用户所具有的匿名性和流动性，也造成了一些负面影响，例如随处可见的“喷子”“键盘侠”等，他们同样作为受众活跃在互联网上，这些“负面”受众发表的言论所产生的影响会比一般受众发表的言论影响力更大。

2. 消费者

市场经济时代，受众作为消费者的地位在不断提高。满足消费者的精神需求，并通过市场交换实现其经济价值是媒介经济的基础条件。传统媒体的盈利主要依靠用户注意力的二次售卖，受众在传统媒体的眼里是潜在消费者。在互联网时代，内容付费的崛起和各种增值服务的出现使受众不再仅仅作为潜在用户，他们变成了直接的消费者，为内容买单。根据《2017 年中国网络视听发展研究报告》，2014—2017 年 4 年间国内用户对于音频、视频、阅读等网络内容的付费比例提升近4倍。[1] 据《2017年度美兰德中国电视覆盖及收视情况调查结果》，截至2017年年底，视频网站付费会员总数超过1.7亿。[2] 根据线下调查，用户的视频付费意识已经养成。这一变化使得受众作为消费者的地位越来越突出，很多媒介平台也开始关注用户使用的感受，秉承“用户至上”的原则。受众已经成为推动媒介产业盈利的主要经济动力。

（三）“把关”角色媒体

话题的关注度、舆论的可信度、受众的参与度等问题需要所谓的“公正、客观”的权威角色来给予评判和指引，因此，游离在生产环节外的角色媒体便应运而生。

这类角色媒体游离于最初的生产和接受角色之外，对信息进行思考、分析、二次加工之后再一次传播给受众，在两级传播中扮演着重要角色，他们的角色相当于意见领袖，本身具有较强的综合能力和较高的社会地位或公众认同度。

此类角色媒体在社交场合比较活跃，与受其影响者同处一个团体并有共同爱好，通晓特定问题并乐于接受和传播相关信息。在全媒体出版平台中，游离在生产环节外的角色媒体主要包含权威专家和知名人士两类。

1. 权威专家

权威专家主要指的是公共知识分子，现在通常被简称为公知。公知的精

---

[1] 中国网络视听节目服务协会. 2017中国网络视听研究发展报告[R/OL].（2017-11-29）[2019-11-12]. https://www.useit.com.cn/thread-17402-1-1.html

[2] 美兰德咨询. 2017年度美兰德中国电视覆盖及收视情况调查结果[R/OL].（2017-11-09）[2019-11-13]. https://wenku.baidu.com/view/d51dd7e6bdeb19e8b8f67c1cfad6195f302be87d.html.

确定义是具有学术背景和专业素质的知识者，在互联网公共空间内具有一定话语权和影响力。权威专家除了具备深厚的专业知识，还拥有较高的社会地位和影响力。因此他们在社交媒体上一发声就会有公众进行二次传播，对消息进行准确的扩散，避免谣言的产生。如各行各业的专家在微博、微信、百度等平台上开设了个人号，在社会事件或自然现象发生时，权威专家会在第一时间内进行专业的解读，避免受众进行胡乱猜测，从而及时防止谣言的传播，将社会舆论引入正轨。但是很多权威专家在发表看法时也不免会带有主观色彩，尤其是面对敏感话题发表个人意见时更是容易引起公众的质疑，对社会造成一定的影响。

2. 知名人士

知名人士主要是指在某一领域比较杰出、为大众所知、具有一定社会地位的人，如明星、行业名人、网红等。过度娱乐化的媒体时代，知名人士在整个社会中的话语权在不断提高。明星名人传达的很多价值观更容易被粉丝或者受众所接受。

如现在发展得如火如荼的粉丝经济。明星代言人机制在品牌传播方面是必不可少的核心要素。一个有着超级流量的当红明星代言一个品牌之后，粉丝会出于对明星的喜爱而进行购买，使商品的销售量获得较大幅度的提高，这对于品牌传播来讲无疑是一个加分项，而且受众对于品牌的好感度会因为代言人而逐渐增加甚至会形成高强度的用户黏性，从而使企业获得商业价值。

二、内容类媒体

内容类媒体以多介质形式呈现出版品，涵盖了微出版品和常规出版品两种类别。从传播方式上来看以单向推送形式为主，在满足用户出版消费的同时，也为全媒体出版平台提供了广告投放界面和数据入口等功能，为设置数据入口和全媒体出版平台价值的提升拓展了空间。

（一）微出版品

微出版狭义上是指当个人或机构为某个特殊的微观市场出版一部著作时所采用的具有高效的出版和发行技术的一种出版方式；从广义上来讲，随着Web2.0和3.0时代的到来，受众发表见解、看法的途径和方式逐渐多元化，论坛、博客、微博、SNS、视频分享、百科、文档分享等新出版形式层出不穷，这类新型出版也可以称为“微出版”。其中文档分享与转销是众多出版机构、版权机构、资源拥有者最为喜爱的“微出版”方式。

在互联网诞生之前，微出版在出版界并没有引起太多关注。然而今天，微博、微信、手机出版等各种形式的微出版形态随着互联网和移动互联网的兴起也得到了蓬勃发展。微出版是传统出版业通过移动网络把用户重新培育为读者，实现了智能终端层面的数字化转型。目前，微出版主要包括微信公众号、微博、手机出版、短视频等。

1. 微信公众号

微信公众号是微信2013年面向名人、政府、媒体、企业等机构推出的合作推广业务。

微信公众号有订阅号、服务号、企业号三种类别。订阅号旨在为用户提供信息内容，服务号更侧重于为用户提供服务功能，企业号旨在帮助企业、政府机关、学校、医院等事业单位和非政府组织建立与员工、上下游合作伙伴及内部 IT 系统间的连接，并能有效地简化管理流程、提高信息的沟通和协同效率、提升对一线员工的服务及管理能力。

利用公众账号平台进行媒体活动，主要目的是拓展品牌推广和营销。例如商家通过申请公众微信服务号进行二次开发展示微官网、微会员、微推送、微支付、微活动、微报名、微分享、微名片等，已经形成了一种主流的线上线下微信互动营销方式。

2. 微博

微博是一种通过关注机制分享简短实时信息的、广播式的社交网络平台，也是一个基于用户关系的信息分享、传播以及获取的平台。用户可以通过 Web、Wap 等各种客户端组建个人社区，发布文字、图片、视频等内容，并实现即时分享。

目前微博的主要功能包括发布、转发、关注、评论、搜索、私信六大功能，涉及了大众传播、群体传播、人际传播。

微博作为一种分享和交流平台，更注重时效性和随意性，并且目标受众不受限制。微博更能表达出每个人每时每刻的思想和最新动态。类似于微博这种基于用户关系的社交网络，具有便携性、传播性、原创性和草根性的特点。

3. 手机出版

手机出版是指手机出版服务提供者使用文字、图片、音频、视频等表现形态，将自己创作或他人创作的作品经过选择和编辑加工制作成数字化出版物，通过无线网络、有线互联网络或内嵌在手机载体上，供用户利用手机或类似的移动终端阅读、使用或者下载的传播行为，如手机报纸、手机小说、手机招聘广告、手机读物、手机视频等。

手机出版成为传统数字出版转向智能数字出版的一个重要标杆，也是传统数字出版以移动网络、智能移动设备的普及为基础，结合互联网技术、计算机技术、流媒体、云存储等先进的科学技术，整理、优化、加工原有版权内容的一种出版形式。它的主要呈现方式为手机 App（软件应用）。

手机出版更加强调内容的移动化、数字化，生产模式、运营管理和运作流程的数字化，以及传播载体，阅读消费、学习形态的数字化。手机出版在近年得到了迅猛发展，是传统出版社、传统数字出版、传统辞书行业转型发展的重要机遇。转型代表企业有外语教学与研究出版社与上海词海信息技术有限公司。他们合作开发了现代英汉汉英词典手机词典、现代韩中中韩词典手机词典。

4. 短视频

短视频即短片视频，是一种互联网内容传播方式，传播的时长一般在 1 分钟以内，随着移动终端的普及和网络的提速，短平快的大流量传播内容逐渐获得各大平台、粉丝和资本的青睐。

随着5G网络及智能硬件的发展，流量、带宽、资费、终端等问题逐步解决，阅读视频化、资讯视频化与社交移动化的趋势更加明显，知识付费、内容产业、共享经济等也开始聚焦到短视频领域。相比传统电视、视频网站，短视频在内容创作和传播上都更为轻松和自然，它可以更加直观、立体地满足用户的表达、沟通需求。一个几十秒至几分钟的短视频，可以无缝串联许多碎片化的阅读时间。作为数字出版的新兴领域，短视频正与微信、微博、微课、博客、空间、直播等生态模式融合交会，带给用户全新的阅读体验❶。

短视频具有强大的原创能力和活跃的年轻基因，拥有“内容 + 展示 + 品牌”的天然传播属性，可以轻松分发给上亿的移动用户。

（二）常规出版品

常规出版品既包括报纸、杂志、图书这类印刷类出版物，也包括音像制品、电子出版物等非印刷类的出版物。依据内容分类，我们将常规出版品分为图文类媒体、音像类媒体、游戏类媒体和应用类媒体。

1. 图文类媒体

图文类媒体是指内容以图片和文字形式呈现的出版媒体，其出版形式主要分为传统出版和电子图文出版以及互联网图文出版。

传统出版物是指传统印刷出版物，包括图书、报纸和杂志等纸质印刷品。

电子图文出版物是指以数字代码方式，将具有知识性、思想性内容的信息

❶ 赵晓芳 . 基于短视频的移动出版运营初探 [J]. 出版发行研究，2018（10）：35.

编辑加工后存储在固定物理形态的磁、光、电等介质上，通过电子阅读、显示设备读取使用的图文产品，包括电子图书、电子期刊、电子报纸等。

互联网图文出版物是指互联网信息服务商将自己创作或他人创作的作品经过选择和编辑加工，上传至互联网上或者通过互联网发送到用户端，供公众浏览、阅读、使用或者下载的图文类产品，包括互联网图书、互联网报纸、互联网杂志以及互联网学术出版物和互联网文学出版物。

2. 音像类媒体

音像类媒体是以磁、光、电等介质为载体，用数字或模拟信号将图、文、声、像经编辑加工后记录下来，通过视听设备播放使用的出版物。包括传统的音像制品（唱片、缩微胶片、录音带、录像带、光盘）和互联网音像制品（在线音频、视频）。

互联网音像出版业在全媒体时代从产品内容、出版方式、营销渠道和发展平台等方面与媒体深度融合，带动发展新的消费形式。互联网音像制品相比于传统音像制品，具有发布速度快、更新方便、更具实用性的增值服务内容、覆盖空间广、发布时间长和互动性强等特点。

3. 游戏类媒体

《2016—2017 中国数字出版产业年度报告》显示，2016 年我国数字出版产业整体收入持续增长，达到 5720 亿元，较 2015 年同比增长 29.9%，显现出巨大的发展潜力。其中，除互联网广告收入稳据半壁江山外，移动出版和网络游戏分别以 24%、14% 的份额位居第二和第三，是数字出版产业稳固的主力军。❶从出版业发展的态势分析，游戏出版已经成为其重要的增长点。

目前，我国网络游戏发展还处于一个正在快速发展的初级阶段，在这种数字出版业理应具有上升趋势、而当前出版业又无法得到长足发展的矛盾情况下，作为新媒体知识生产的另一种实践，电子游戏出版逐渐受到了更多的重视。

电子游戏出版，关键着重点在技术领域开发、衍生多元化盈利模式、善于利用游戏进行文化输出、利用大数据细分市场、注重细节创新、寻求合作等方面。

4. 应用类媒体

应用类媒体是指应用软件（App），即用户可以使用的各种程序设计语言，以及用各种程序设计语言编制的应用程序的集合，分为应用软件包和用户程序。应用软件是为满足用户不同领域、不同问题的应用需求而提供的软件。

它相比于图文类、音像类以及游戏类媒体更像一种媒介出版平台，在应用程序的基础上，为满足用户需求，出版具体内容以便用户操作。

三、服务类媒体

在互联网思维热议的今天，企业的经营模式也由经营产品向经营用户转移。

---

❶ 中国新闻出版研究院 . 2016—2017 中国数字出版产业年度报告 [R/OL].（2017-07-13）[2019-11-14]. https://www.sohu.com/a/156885337_160257.

如何通过平台将用户聚合起来产生更加旺盛的消费能力，如何满足用户的归属感、存在感和参与感，让用户参与到出版品的创作和流通中去，参与到平台的品牌传播中去，在出版品消费活动之外融合长尾经济和粉丝经济是服务类媒体出版品的首要任务。

服务类媒体主要围绕着出版活动周边的用户需求提供服务，可以分为娱乐休闲类、社会交往类、展示交流类等，也可依据用户群体的属性细分服务类别，以已婚女性群体为例，可以围绕家居装饰、厨艺交流、时尚购物、自我修养、家庭情感等维度来设置服务类媒体出版品的类别，其宗旨就是为用户群体提供更好的体验与互动服务，在提高用户黏合度的同时，开发更加多样的平台盈利方式、提升品牌价值。

（一）娱乐服务

近年来媒体信息的传播越来越偏重娱乐化，娱乐产业成为了经济增长的动力产业。娱乐服务媒体是指为用户提供娱乐服务的互联网媒体，不同类型的娱乐服务吸引着不同爱好、兴趣、年龄的消费者，不同档次的娱乐服务吸引了不同层次的消费群体。

娱乐服务媒体不同于娱乐内容媒体，它所提供的不是娱乐内容或者娱乐信息，而是与其相关的衍生服务。如果你想看电影或者演出，娱乐服务媒体提供的不是电影或演出内容，而是提供购买电影票或者演出门票的服务，例如猫眼、大麦等。

现如今互联网上的娱乐服务已不再像传统娱乐服务（KTV、咖啡厅、游戏厅、健身房等）一样需要专门的游乐场所或者明确的定义。只要是可以在互联网上为休闲娱乐提供服务的媒介，都可以称为娱乐服务媒体。互联网上的娱乐服务和娱乐内容是息息相关的。许多提供娱乐内容的媒体也同时提供服务。马蜂窝为用户提供旅行信息、攻略的同时也提供机票酒店订购服务。大众点评在提供附近美食、游乐内容的同时，也可以提供团购或预约服务。

（二）社交服务

社交网络服务是一个平台，其功能是建立人与人之间的社交网络或社交关系的连接。例如，利益共享、活动、背景或现实生活中的连接。一个社交网络服务，包括表示每个用户的社交联系和各种附加服务。大多数社交网络服务是基于网络的在线社区服务，并提供用户在互联网互动的手段，社交网站允许用户在他们的网络共享他们的想法、图片、文章、活动、事件等。

互联网社交服务开辟了多元化社交传播模式。基于人际和群体传播产生的微信、基于大众传播产生的微博、短视频直播是目前社交服务媒体的代表。同时互联网社交服务也开辟了多元化的社交方式，相比于传统印象中的社交服务，互联网社交服务媒体的社交形式不仅包括了最初的聊天会话，还拓展了短视频直播、视频弹幕等新社交方式。互联网社交服务以社交为起点，沿横向纵向不断延展，例如运用大数据技术为用户做算法推荐服务——微博推荐，社交圈分众细化——豆瓣、微贝粉丝圈等。

社交服务价值变现体现在很多方面，综合分析，广告是社交网络商业化的主流式，游戏的流量转化效率最高，社交电商、在线直播等增值服务和本地生活服务也正在成为新趋势。

（三）展示服务

互联网时代，网络与展览服务的结合体现在线上展会和互联网衍生线下展会两方面。线上展会，也被称为数字展会，是一种互联网技术和互联网思维下的正在快速兴起的新型会展生态和展示宣传方式，其本质是以互联网为基础，将云计算、大数据、移动互联网技术、社交社群、会展产业链中的各个实体等集成构建的一个数字化的展示空间和新会展经济形态，从而形成全方位、立体化和永不落幕的新型展览服务模式，这也是对传统实体会展（线下展会）模式的升级转型、有效补充和创新发展，同时也开创了单独的线上展会举办形式和会展产业数字化的先河。互联网展览（线上展会）将媒体、展览、广告等众多行业融为一体，可以像广告一样随意推广，也可以像展览馆一样展示，更可以像参加展览一样随意观展。

在 2018 年 7 月至 2019 年 7 月开办的“2018 宿豫区第二届企业网络博览会”上，“互联网展览”成为本届展览中的最大亮点。由展览在线打造的“线上 + 线下”双线展览新模式，打破了时间、空间、地域、体量、距离和成本等限制，通过线上浏览、线下体验的方式，将本次会展无线放大以达到“永不落幕”的展览新模式。

（四）交易服务

交易服务体现在媒体与媒体之间，也体现在媒体与用户之间。主要媒体与用户间的交易服务主要是指电子商务，互联网交易服务媒体也就是电商平台。当当、亚马逊、京东等三大电子商务平台，就是典型的“媒体＋电商”的结合模式。2017 年中国电子商务整体交易规模约达 29 万亿元，增长 11.7%。2018 年中国电子商务交易规模达到 31.63 万亿元，同比增长 8.5%，其中网络购物成为推动电子商务市场发展的重要力量。

媒体间的交易主要是版权贸易，也是交易行为的一种，通过作品的版权许可或转让行为获利的贸易行为就是版权贸易。近几年随着业界版权意识的提高，版权交易争夺也变得异常激烈。

第二节　全媒体出版的矩阵建构

随着互联网技术与应用不断深入地融入大众的日常生活，网络的部落化将会到来。大众将在网络世界中被分解为不同维度的部落群体，具有特定的网络群体特征，如爱好、兴趣、需求领域等。全媒体出版的媒介矩阵以满足用户多维度需求为中心，以角色化媒体建构网络社交与归属的、虚拟的社会化角色，以多样化媒体形式丰富用户在内容类出版品消费过程中的体验与互动，以媒体的多功能整合为出版活动提供周边延展服务平台，不仅为用户群体提供了满足多维需求的跨时空的整合平台，而且将出版与媒体的优势整合，拓展了出版品牌的整体价值。下面我们将对全媒体出版的媒介矩阵结构进行解读并总结其功能。

一、全媒体出版的媒介矩阵结构

笔者在第二章将全媒体出版的类型分为角色媒体、内容媒体和服务媒体三类。全媒体出版媒介矩阵建构在媒介基础之上，依据不同的媒介类型建构起角色媒体矩阵、出版媒体矩阵和服务媒体矩阵三种不同类型的媒介矩阵。

（一）角色媒体矩阵

1. 角色互补型媒介矩阵

角色互补型媒介矩阵是双方或多方在传播过程中扮演互补角色的媒体之间建立起的矩阵架构，角色互补型媒介矩阵主要依靠双方之间的关联性、合作与互动建构起来。在整个全媒体出版过程中存在“作者”角色媒体、“受众”角色媒体和“观众”角色媒体。这三类角色分别都是彼此的互补角色，缺一不可。因此，作者与受众和观众（即创作主体、受众与意见领袖）建立起来的关联互动是角色互补型媒介矩阵的实质核心。

创作主体是内容的生产者和传播者，在为受众提供内容的同时也为受众设置了议程，对受众内容接受以及价值观的形成具有控制权。意见领袖的出现挑战了创作主体原有的地位，成为了新的“议程设置官”。例如微博上著名的“×分钟带你看完 × 电影”的网红谷阿莫，把一两个小时的电影高度概括成几分钟的短片，微博开通短短几天就已有几十万粉丝追捧。意见领袖崛起后，我们对于影视作品的关注和认知很多时候开始依赖类似于“谷阿莫说电影”这样的方式。互联网时代，作为意见领袖的第三方加入进原本只有创作主体和受众存在的角色互补型媒介矩阵，形成三方互补的新型媒介矩阵。

2. 内容创作型媒介矩阵

内容创作型媒介矩阵是传播过程中同为“作者”角色媒体之间在关联互动基础上建构起来的媒介矩阵。内容创作主体在媒介矩阵中需要生产内容满足受众的需求来换取可以变现的价值。因此，内容创作媒体之间的联系互动主要体现于对内容生产的交流合作，或者提供相互宣传以助于更快换取变现价值。

作者之间合做出版文学作品实现利益共享，不仅可以完善、丰富内容还可以集聚更多粉丝和关注度，目前合做出版文学作品在中国并不少见。另外，作者出书会有其他作者帮忙宣传、写序，电影上映前会有共同出演电影的演员、导演、制片人等共同参与路演、宣传等以获得更高的关注度。共同创作和相互宣传是目前内容创作型角色媒介矩阵的主要表现形式。

3. 意见领袖型媒介矩阵

意见领袖型媒介矩阵是传播过程中同为“观众”角色媒体之间在关联互动基础上建构起来的媒介矩阵。意见领袖是人群中最先接触大众传媒信息，并将所接受的大众信息经过二次加工传播给他人的人，具有影响他人态度的能力，他们介入大众传播，加快了传播速度并扩大了影响。互联网催生了“意见领袖”这一游离于生产和受众之外的观众角色媒体。他们作为传播过程的中间环节在两极传播中扮演着重要的角色。

明星之间的互动是意见领袖型媒介矩阵最典型的体现，明星有新的作品上映时会有其他明星帮忙客串或者宣传，有一些网红也会和明星在社交媒体上互动。还有一类是权威人士和知名人士的互动，比如爱奇艺的辩论节目《奇葩说》在第五季里请来了经济学教授薛兆丰，经济专家和娱乐辩手产生了有趣且奇妙的化学反应。

4. 同类需求型媒介矩阵

同类需求型媒介矩阵是传播过程中同为“受众”角色媒体之间在关联互动的基础上建构起来的媒介矩阵。受众的六大需求是认知需求、娱乐需求、社交需求、尊重需求、归属需求、自我实现需求。在这六类需求中，具有同类需求的受众在互联网中会聚集起来形成兴趣部落，组建社群，在社交中交流与分享信息和想法。

百度贴吧和豆瓣的小组就是同类需求型媒介矩阵中的代表，用户可以根据自身的兴趣和需求选择感兴趣的话题小组，进行讨论。小组都有管理员维护社群小组的秩序，用户在其中不但可以获取自己需要的内容和信息，还进一步开拓了社交圈。

（二）出版媒体矩阵

1. 同类行业的出版媒体矩阵

互联网作为新兴媒介，不仅使原本分散的各行业的紧密性不断增强，还在行业内建立了一个更快捷便利的沟通合作分享渠道，同类行业的出版媒介矩阵也在此基础上建构起来。同类行业的出版媒体矩阵是指所属同一行业出版媒体在合作和互动的基础上形成的媒介矩阵。这里的“同类行业”不是指作为竞争对手生产同类商品的媒体，而是指在同一行业内生产不同产品、服务于不同人群的出版媒体。这些出版媒体内在关联性虽不大，但由于同处一个行业中，双方或多方之间对彼此会有很高的关注度进而形成合作。

以传统的学术资源数据库“中国知网”和互联网环境下新诞生的学术科研互动社区“小木虫”为例。中国知网知识发现网络平台是一个面向海内外读者提供中国学术文献、外文文献、学位论文、报纸、会议、年鉴、工具书等各类资源统一检索的数据库。而“小木虫”是基于社交目的开发的科研资源内容互动社区，更多是以论坛问答的形式提供有关科研方面的内容。两个平台都是以学术科研内容为主，但是两个平台输出内容的形式不一样，在各自的领域都有相对应的核心受众人群。二者进行合作，“知网”提供数据搜索，“小木虫”创造社交价值，扩大媒体矩阵会带来更多的社会价值。

2. 同类形式的出版媒体矩阵

同类形式的出版媒体矩阵是指具有竞争关系生产同种形式产品的出版媒体建构起来的媒介矩阵。同类形式的出版媒体由于生产内容性质相似，因此具有紧密的关联性，它们之间是竞争关系，但由于生产内容和目标受众的相似，在一些状况下又不得不选择合作甚至进行重组或者兼并。因此同类形式的出版媒体矩阵的建构是建立在双方的竞争与合作上。

QQ 音乐、网易云音乐和虾米音乐是目前国内最大的三家数字音乐平台。

自 2015 年国家版权局下达了“最强版权令”，要求 2015 年 7 月 31 日前，无版权音乐作品全部下线，三大数字音乐平台就开启了版权纷争。但长期的版权纷争造成了音乐版权资源的分散，不仅数字音乐运营商的利益有所损害，也给用户的使用带来了极大的不便，因此各数字平台在保留自己核心资源的基础上，将所有的音乐版权分销给其他音乐平台，达成新的合作。除数字音乐平台外，各视频网站和网络文学网站等也都处于相似的情况，在竞争的同时也展开积极的合作，实现利益双赢。

3. 同类受众的出版媒体矩阵

同类受众的出版媒介矩阵是指目标受众相同的不同类出版媒体建构起来的媒介矩阵。这种媒介矩阵的建构是基于用户的分众理论，在此矩阵中的每一个出版媒体的目标受众都具有明确的用户画像。这些出版媒体的关联性也通过用户进行连接。

随着用户分众的标准越发多元化，满足受众需求的各类型媒体也层出不穷。虽然目标受众相同，但由于受众需求不同，所以不同类型媒体之间不存在冲突和竞争。例如，同类受众的出版媒体、目标受众同为女性的“小红书”App 和“美柚”App 是两款功能完全不同的软件，小红书是致力于为女性提供一个记录、分享日常生活的应用软件，而美柚是一款针对女性健康保养的软件。这两款软件看似没有关联性，但是用户在这两个软件之间起到了桥梁的作用，小红书上出现了很多推荐美柚的笔记，小红书上的很多内容也被用户搬运至美柚上。通过用户，毫无关联的两个媒体实现了部分同需内容共享。

（三）服务媒体矩阵

1. 同类行业的服务媒体矩阵

同类行业的服务媒体矩阵和同类行业的出版媒体矩阵的建构相似，是指不具有竞争关系、提供不同服务的媒体建构的矩阵。同类行业服务媒体的紧密性主要体现在受众日益多样化的服务需求上，行业细分越来越详尽，同行业内用户多元化的服务需求进一步体现出来。

以在线教育行业为例，在线教育网站提供各类在线教育课程，但不构成竞争的课程种类属于同类行业的出版媒体，在线艺术教育和在线英语教育就是两类完全没有竞争的在线教育平台。在线艺术教育和在线英语教育的教育内容完全不一样，但同为在线教育平台，彼此也会有所关注，相互学习借鉴营销策略、课程设置、售后服务等。除此之外，很多有关学习和教育的在线网站媒体与在线教育都具有一定的关联性，如英语单词软件“百词斩”“默默背单词”等与在线英语教育都有很大的关联性。很多新颖的单词软件中记忆单词的方法值得在线英语教育借鉴。很多在线英语教育平台还会与一些单词软件达成商业合作，在各自的平台中为其进行推广。因此，经常可以在单词软件中看到在线英语课程的广告，两个平台合作共享用户资源，达成互利共赢。

2. 同类形式的服务媒体矩阵

同类形式的服务媒体矩阵是指具有竞争关系提供同种形式服务的服务媒体建构起来的媒介矩阵。同类形式服务媒体矩阵的关联性与同类形式的出版媒体基本相似，矩阵建构是基于双方或多方服务媒体竞争的关系，在长期的竞争之后会实现企业重组和兼并。

同类形式的出版媒体由于提供的服务相同，势必存在竞争的关系。企业长期竞争的结果通常会呈现马太效应，优胜劣汰。同类形式的服务媒体在长期的竞争中也无法逃过这一定律，在经过一段时间后，势必会进行重组或兼并。2015 年，在线旅游电商网站“携程”和“去哪儿”宣告合并，合并后“携程”将拥有 45% 的“去哪儿”股份。2017 年，“饿了么”宣布合并“百度外卖”。合并完成后，“百度外卖”成为“饿了么”的全资子公司，“百度外卖”仍以独立的品牌和运营体系发展，改名为“饿了么星选”。同类形式的服务媒体在竞争进入白热化阶段后开始选择兼并和重组，一方面是为企业未来发展降低风险，另一方面还有助于拓宽融资和资源。

3. 同类受众的服务媒体矩阵

同类受众的服务媒体矩阵是指目标受众相同的不同类服务媒体建构起来的媒介矩阵。现代人的物质文化需求日益增长，同类受众的服务媒体矩阵架构越来越明确，从各方面挖掘用户的不同需求，提供相应服务。这类服务媒体矩阵由于受众相同但服务完全不同，因此合作大于竞争。

以受众同为电影爱好者的“猫眼电影”与“豆瓣”为例。“猫眼电影”是在线购票平台，而“豆瓣”则是一个电影评分交流平台，虽然受众同为电影爱好者，但是“猫眼电影”开拓了电商服务，而“豆瓣”开拓的是社交服务，完全不存在竞争。甚至由于目标受众相同，双方还开展了合作，比如“豆瓣”的电影频道就设置了“猫眼电影”选座购票的链接。同类受众的服务媒体矩阵合作大于竞争，实现了双方服务优化，不仅形成了良性的发展合作，也为受众提供了更加便利的服务。

二、全媒体出版媒介矩阵的功能

构建全媒体出版的媒介矩阵不仅为用户群体提供了满足多维需求的跨时空的整合平台，而且将出版与媒体的优势整合，拓展了出版品牌的整体价值。媒介矩阵的建构不仅能有效持续地汇聚用户群体，同时还为内容的生产创作、用户群体价值的延展、各类媒介出版品牌的建设、营销与推广的高效提供了积极主动的媒介环境。

（一）多维度出版服务需求

互联网技术与通信技术的迅猛发展不仅使得媒体市场繁荣起来，同时也在改变着现实社会的虚拟分层。大众对网络的依赖越来越严重的同时社会群体也在加快网络部落化的步伐。全媒体出版的媒介矩阵在互联网浪潮的牵引下，也将由传统全媒体出版界定的媒体承载形式功能和营销功能转变为以用户为中心满足群体的包括用户群体的认知需求、娱乐需求、社交需求、群体归属需求、自我实现需求等在内的多维需求的跨界服务。基于互联网思维中的流量思维，媒介矩阵的形成不仅使信息内容的形式更加多样，也使其满足了话题选择、互动方式、产品形式、用户创作等多样化功能需求。

（二）全方位数据收集与分析

大数据技术的来势汹涌不仅牵动着互联网行业的整体格局，同时也正在迅速蔓延到传统行业之中。国内的互联网巨头早已开始了大数据布局，并且已将触角伸向了文化创意产业市场（包括传统意义上的出版与影视等行业）。

在当前互联网与媒体发展环境下，入口之争是最重要的竞争手段。媒介矩阵可以提供目标群体的购买力、群体喜好、参与习惯、互动形式等多维度海量数据收集，为准确决策提供可靠依据。媒介矩阵在主动聚合受众的同时也是对受众数据解析的过程，实时的动态数据模型可以全方位获得目标受众相关数据，为创作主体的内容选题与表现形式、平台的产品生产与服务方式、关系管理等全媒体出版生产运营与风险管控提供及时有效的数据支持。热播美剧《纸牌屋》和韩流席卷的《来自星星的你》均是被公认为得益于海量用户数据累计和分析的典型案例。

（三）积极主动的媒介环境

附加价值的产生源于在某一系统中消费者的认同及对权威的服从。在跨时空联结世界的互联网时代中，人们对外部世界的了解更多地是通过媒介信息的获取来实现的。媒介营造的拟态环境成为大众对客观世界认知及群体价值观取向的主要途径。全媒体出版的媒介矩阵围绕着具有特定出版消费及延伸需求特征的群体建构，从创作主体的角度来看，积极的媒介环境可以主动建立有利的刻板印象，构建有价值的明星印象与权威地位，提升创作主体的议价能力；从创作生产的角度来看，积极的媒介环境可以进行选题的测试与决策，在全媒体出版模式中，创作生产并不是刻板的阶段性任务，而是适时动态的持续过程；从营销推广的角度来看，积极的媒介环境可以为用户提供积极主动的关系管理与人性化服务，提高用户群体的覆盖率和黏合度，全面提升出版主体的议价能力；从危机管控的角度来看，积极的媒介环境可以为出版平台各环节提供危机预警、危机决策、危机处理等危机管控功能。

（四）用户培养与互动

用户的培养是一个潜移默化的过程，全媒体出版的媒介矩阵通过提供“象征性现实”对群体认知客观世界、形成共识性价值取向发挥着巨大的作用。用户的培养不是一两拨积极营销就能成形的短期过程，而是一个长期的、渐进的影响过程。在自媒体和社交媒体盛行的当下，用户对于群体内互动与自我实现的需求也更为积极。全媒体出版媒介矩阵的建构不仅能够满足用户在认知需求、娱乐需求、归属需求等方面的需求，提高用户参与度，而且能够更好地、多维度地、多层次地提供与用户互动的方式和内容，提高用户体验感和用户黏合度。

（五）出版效果优化

全媒体出版的媒介矩阵不仅为用户参与全程的出版活动提供路径，而且为出版生产与营销提供连续动态的数据模型。在全媒体出版的媒介矩阵中，出版主体与用户并非单纯的买与卖关系，出版生产的内容与定位既来自媒介入口所收集分析的数据支持，同时又有用户群体的关注与创作，从而使得出版内容定位与生产得以准确有效地满足用户群体的喜好。全媒体出版的媒介矩阵的建构与运营的过程同时也是有效用户群体聚合的过程。此类用户群体具有明显的出版消费特征，其参与出版活动及延展服务的积极性更强，对于相关话题动态的关注度更高，消费意愿更强烈。媒介矩阵在对用户群体进行广泛有效的覆盖，满足群体消费需求与体验的同时，可以对出版生产与营销等过程进行风险管理从而使出版效果更加优化。

（六）自有渠道的形成

目前出版行业的营销渠道主要包括传统线下渠道和电商渠道，而随着电商模式与新媒体技术的不断成熟完善，尤其是 B2C、社交平台、App、网络支付等模式的成熟，为全媒体出版的自有渠道的建构提供了有效且成熟的技术与模式保障。

与传统行业的生产与营销模式不同，出版行业本质上是将信息产品通过媒介传播给消费者。而媒介矩阵的形成丰富了出版产品与服务的维度，聚合了目标受众，为用户群体提供了个性化精准化的消费渠道，与出版主体之外的传统渠道形成有力补充，既压缩了内容的生产与发行周期，又降低了渠道成本。

（七）出版品牌价值的提升

出版品牌价值的提升需要解决出版核心活动的价值及出版活动周边服务价值。在大互联网时代里，用户群体基数与活跃度是品牌价值实现的基础。全媒体出版品牌通过提供出版消费及周边延展服务能有效提高用户群体基数与活跃度，提升出版品牌的价值。全媒体出版的媒介矩阵为创作主体在创作生产、自我品牌价值的建构等方面提供有力支持，有利于打造明星品牌，提升创作主体的认知度与权威性。多样化的出版内容产品在全媒体出版的媒介矩阵中能高效推送给目标受众，同时数字化的呈现形式不仅丰富了出版内容的表现形式，而且也提升了出版品的媒介价值。全媒体出版中的服务类出版媒体能够有效主动地聚合与培养用户，提高全媒体出版的整体用户流量，不仅能有效提高全媒体出版品牌的营销价值，而且能够拓展用户的周边消费需求，从而提升出版品牌的整体价值。

第三节　全媒体出版的媒介价值

全媒体出版的媒介矩阵将各类资源进行整合，用精准的大数据算法分发适合受众的个性化内容，营造积极主动的媒介环境，为品牌提升价值。在创造社会价值和商业价值的同时也注重用户价值的挖掘、内容价值的延伸、服务价值的积累，用有限的媒介资源挖掘无限的品牌价值。

一、用户价值挖掘

传统媒体时代，受众习惯了单向传播和单向接收的状态；而如今，“受众”

不再是单向的信息接受者，他们已成为具有双向传播属性的“用户”。“受众”代表的是单向传播的纯粹接受者，参与度低，互动性差。“用户”的理念则是以使用者为核心，将用户体验作为新兴电视产品生产的出发点和检验标准，参与度高，互动性强。❶在全媒体时代的今天，我们需要转变自己的观念，引入互联网的思维方式，将昔日的“观众”转化为明日的“用户”，并通过平台与渠道的深度立体挖掘，将受众未曾全面开发的潜在价值挖掘出来。而大数据时代为这种转换提供了最大的可能和便捷。

互联网时代用户角色的转变使得用户价值的挖掘成为了全媒体出版发展的关键一步。用户价值是用户出于自己的预先期待，对产品和服务在使用过程中的一种体验和感知，并由此得出综合判断和评价。这种判断和评价会对媒体出版产生什么样的推动和影响是用户挖掘的意义所在，这种影响主要体现在用户在技术层面对媒体出版的影响，即数据价值，用户在社会层面对媒体出版的影响，即社交价值，用户在经济层面的影响，即消费价值。

（一）数据价值

用户数据的积累与开发，是互联网时代新媒体人需要重点关注的。全媒体出版的价值就是建构在用户之上，只有足够的用户与流量，才能从网络传播中催生价值。而全媒体出版持续发展的运营模式改变了传统出版单一依靠广告为主要效益的模式，变为通过开发用户数据价值，响应广告主诉求，获得整合效益。❷

❶　孙敏．电视用户价值的创造与变现 [J]. 视听纵横，2017（2）：26.

❷　涂有权．做优用户数据拓展新价值 [J]. 声屏世界，2017（10）：36.

互联网时代，传达了“用户即数据”的理念。所谓用户即数据，就是要以用户为核心，注重研究用户标签，加强与用户的互动，发掘用户价值，这一切都需基于更完善的数据价值体系。按性质分类，数据分为测量数据和记录数据两类。

测量数据是设定一组目标，根据规定的方法体系借助一定的技术手段而主动进行的调查、监测，例如目前互联网出版媒体会进行线上抽样调查，让用户对其内容服务进行评价。[1]几千人也好，几万人也好，用测量仪方法对观众进行内容服务的测量，是实名制的用户数据采集。这种测量有很多优点。

记录数据则是通过对部分或者全部用户各自与其行为对象之间的互动过程进行监测记录所得到的特征元数据，其更多来自于渠道和终端，是匿名的，但是可以通过用户画像进行反观。测量获得的是小数据，而记录积累的更多的是大数据。当然，对大数据也可以开展二次测量，以期得到更加可靠有用的精致小数据。

用户数据价值的体现依靠大数据与机器算法，在互联网个性化广告推荐中占据重要地位，满足了个性化用户的需求，同时还可以获取用户注意力二次转售给广告主。在深度利用用户数据进行营销的过程中，避免了无效营销，以最小的成本获得最大的成交量。

用户数据对全媒体出版的意义越来越重要，无论是传统出版媒体还是数字出版媒体都开始建立用户数据平台，通过微信第三方运营平台、合作平台、线下活动、下属产业公司等多个渠道获取用户数据，逐步得到用户画像。用户数

[1] 郑维东 . 用户核心与数据驱动的价值体系建构 [J]. 北方传媒研究，2017（10）：11-12.

据价值的挖掘提高了媒体生产和用户消费效率，并且建立起用户、商家与媒体的新型联结关系，在原有基础上，又培育出新的增长点。

（二）社交价值

使用社交应用不仅可以和朋友互动，还可以了解新闻热点，关注感兴趣的内容，获取知识和帮助，分享知识、经验和见解。社交已经逐渐成为受众与外界交流分享的重要方式。

传统媒体时代的社交是传播者与接收者之间的社交，这种社交具有单一性，且社交功能体现的作用也非常有限。互联网时代的社交呈现出双向反馈传播的特点，引入了“意见领袖”这个新角色，进一步建立了以“意见领袖”为中心的用户新社群，拓展了互联网用户社交的新方式。

互联网时代用户的社交价值是通过不同场景的构建而从中形成的。例如豆瓣建立一个关于影、音、书互动的媒介场景，并以此建立社群展开社交；而爱奇艺等视频平台是通过视频内容的评论弹幕等互动的媒介场景实现社交。每一种媒介社交价值都依据自身的社交场景构建实现，用户社交价值也渗透于此。

互联网时代用户的社交价值是通过保持用户的黏性忠诚度和不断拓展潜在用户实现的。忠诚度是顾客对企业一种长期的基于信任的积极情感，比如关于产品的价格、内容、服务容忍度等。媒介在用户群体中开拓社交活动的目的是为了保持用户对自身媒介产品的情感和兴趣度。互联网时代，媒介的更新周期迅速，使得用户对于每一种媒介产品的兴趣持续的时间都不会很长。例如 2017

年爆红的“抖音”，目前抖音的日活跃用户在逐渐减少。以前常见的几千万点赞的精选短视频现在已经很少出现。因此，只有想方设法长期保持用户黏合度，才能使得媒介能够运用积攒的用户资源实现融资甚至更多附加价值，这也是各媒体开展社交活动的主要原因之一。

共享经济也可以说是近几年来用户社交价值催生出的产物。传统社会，朋友之间借书或共享一条信息、邻里之间互借东西，都是一种形式的共享。而在互联网时代下的共享经济，依托共享经济平台作为连接供需双方的纽带，使得供给方与需求方可以通过共享经济平台实现交易。这种共享经济本质上是基于社交活动的资源共享和交易，也是用户社交价值在互联网时代的一种新体现。用户通过社交互动来传播内容，不仅是知识共享的过程，更是自身价值、商业利益的挖掘。

（三）消费价值

消费价值是用户身上最本质的价值，消费价值是顾客拥有及使用某一产品所获得的价值与取得该产品的成本二者间的差额。用户在选择产品时，会比较不同内容和服务的消费价值，并选定能够提供给他们最大消费价值的内容和服务。媒介在出售内容和服务时，也会比较各消费价值，最终综合提供能实现自身最大价值的产品内容与服务。

用户作为消费价值挖掘对象，其自身的各种主观因素是影响其消费价值的主要因素，下面笔者将从用户的消费偏好和消费观念两方面来分析影响用户消费价值的因素。

消费偏好是指消费者对特定的商品、商店或商标产生特殊的信任，重复、习惯地前往一定的商店，或反复、习惯地购买同一商标或品牌的商品。这种类型的消费者，常在潜意识的支配下采取行动。消费偏好是用户在消费过程中的一种取向选择。商家常常在推出产品和活动之前进行全面的用户分析，确定目标受众和受众的消费价值取向。在全媒体出版中，用户的消费偏向已经成为了不同媒介开展经营活动的重点。算法推荐、个性化定制都是运用大数据了解用户明确的消费偏好后采用的传播手段和营销手段。任何媒介传播环境，都需要在对用户的消费偏好进行分析之后才能“对症下药”，更好地挖掘用户的消费价值。

消费观念是人们对待其可支配收入的指导思想和态度以及对商品价值追求的取向，是消费者主体在进行或准备进行消费活动时对消费对象、消费行为方式、消费过程、消费趋势的总体认识评价与价值判断。消费观念与消费偏好的区别在于它形成于人的主观意识，而不仅仅是习惯的培养。因此要想产品和服务适应用户的消费观念，就要在不断发生变化的社会大环境中潜移默化地培养用户的新观念。用户观念的培养离不开社会环境的变化，因此很多时候媒介的生产经营需要顺应社会环境的变化和受众价值观的变化。内容付费就是近几年来用户消费观念发生大反转的典型案例。在过去社会经济条件还不充裕、受众版权意识薄弱的社会环境下，内容付费不被受众所接受。而随着社会经济发展和版权政策的助推，内容付费逐渐被大众所接受，到2017年，各网络视频平台的内容付费用户纷纷超过1亿，网络游戏的内容付费也超过了1600亿元，网络文学、音乐付费、知识内容付费也在不断快速增长。

二、内容价值延伸

（一）内容的形式消费价值

全媒体出版内容的形式消费价值体现在内容价值通过各种消费形式实现价值变现。相较于传统出版，全媒体出版时代的消费价值以全新的形式出现，同时也体现出新的特征。它不再单纯地以内容作为筹码实现等价交换，而是通过跨媒体延伸产业链和延伸功能的形式实现消费价值的变现。

1. 跨媒体的内容出版消费

跨媒体的内容出版消费实质上是一种产业链架构体系内的消费。任意一种媒体的出版及其相关行业建构而成的产业链形成了跨媒体内容出版消费的基本模式。目前全媒体出版消费形式主要体现在全媒体生态圈带动内容消费以及 IP 产业链带动内容消费两个方面。

跨媒体行业间的营销推广主要体现在全媒体生态圈中各渠道媒体平台之间的合作推广上。全媒体时代，各媒体之间的紧密性、关联性越来越强。以腾讯的全媒体生态圈为例，腾讯至今已建立了在社交、新闻、商务、工具、娱乐等领域的全媒体生态圈，旗下拥有 50 多种不同功能类型的 App。腾讯全媒体生态圈的形成，也有利于跨媒体内在关联性的加强和内容消费的实现。基于此，腾讯视频平台与其他渠道平台在活动上建立关联并实现了跨媒体内容消费。例如腾讯视频自制节目《创造 101》，该节目除了在腾讯视频上播放之外，还与腾讯旗下的一款追星社交应用 doki 以及短视频应用微视合作，粉丝在观看完《创造 101》的节目之后，可以在 doki 上为自己喜爱的选手投票，也可以在微视上观看选手为粉丝录制的各种视频并进行互动交流。腾讯视频在这个案例中为微视和 doki 的内容消费起了引流作用。

近年来，IP 最先在网络文学领域被人熟知，随着互联网的介入，IP 的产业链也逐渐衍生到影视、游戏、周边商品等领域，形成了一个以文学 IP 为中心的 IP 全媒体产业链。

IP 全媒体产业链的每一环节都基于内容相互串联。从上游网络文学到中游的影视剧再到下游衍生品，形成全媒体产业链，每一环节都带动了其他环节的内容消费。《仙剑奇侠传》《欢乐颂》《甄嬛传》等大热影视作品均依靠影视剧带动了文学小说的热销和原版游戏的火爆，实现了 IP 全媒体产业链的跨媒体内容带动消费。上中游环节带动下游环节的内容消费也是同理，文学、影视、游戏 IP 的火爆进一步带动衍生品的开发、线下实体店活动展览。依旧以腾讯为例，2017 年 9 月，腾讯视频创办了一家“好时光线下泛娱乐品质店”，将其手游、电竞、直播、动漫等多种 IP 衍生元素相互打通，呈现出一种全新的娱乐体验和全新的社交方式。

2. 功能延伸的内容出版消费

功能延伸的内容出版消费是通过拓展内容产品本身的功能，以全新的方式出售内容，其本质上仍然是通过内容付费获取利润。比如各内容平台的 VIP 会员、抽奖解锁内容、获取礼包和买道具等，就是这种功能延伸的体现。

各渠道平台建立 VIP 会员，用户通过购买 VIP 获得自己想要的服务和内容，例如视频平台的尊享 VIP 用户可以免除广告，观看普通用户不能观看的影视内容。数字音乐平台和网络文学平台也是同理，用月期或年期会员的方式售卖内容。这实际上是一种体现培养用户忠诚度的表现。只有较高黏性、忠诚度的用户才会愿意为这种按年期或月期计算的 VIP 服务买单。并且这种以 VIP 会员制获取大量付费内容服务的方式有利于用户在观念上认为会员获取的比单一购买内容更划算。数字音乐平台的 VIP 会员多为 8 元 / 月，而单曲购买则需要 2 元 / 首。VIP 会员购买对于消费者来说更加划算，同时也有助于内容平台培养用户付费的习惯，建立更加黏固的忠诚度。

用户在很多平台购买完 VIP 会员会获得很多附加服务，例如 VIP 会员可以享受多次抽奖或者获取有关专享内容的礼包。比如音乐平台购买完 VIP 会员后即可领取无损音质的礼包，视频平台 VIP 会员可以领取蓝光画质等礼包。增加抽奖机会获取特定礼包虽然实质上也是为内容付费，但是这种活动将会员功能拓展以不同形式呈现，进一步增强了受众的使用满足感受，让用户体会到 VIP 会员内容的丰富和多样化。

购买道具进行内容消费的形式主要出现在游戏付费中，游戏中内容消费主要体现在对虚拟道具和装备的购买。购买道具和装备有助于用户在游戏中提高段位、通关，增加用户在游戏中的体验感。

（二）内容的社交互动价值

社交互动在互联网时代的存在感越来越强，社交互动价值体现在媒体平台与用户之间通过社交建立起联系从而挖掘其经济价值。现在的商业活动不再仅仅通过内容和服务赚取利润，而是通过社交不断挖掘更多价值。以“社交”为核心的商业模式为企业带来更多盈利点。内容媒体也抓住了社交这根“救命稻草”，为传统内容出版行业带来全新的可能性和赢利点。

1. 培养价值

基于社交互动的培养价值是培养用户对内容的付费习惯。在我国消费者固有的认知下，网上的音乐、影视、图像、电子书、知识等内容都是互联网产生的红利，可以免费享用。因为这种思想根深蒂固，所以在2012年以前想通过内容付费进行盈利的产品基本都走向了死胡同。[1]然而到了2016年，“分答”“得到”等知识型App爆红，视频会员充值、付费试听为越来越多的人所接受，又让行业看到了内容付费模式盈利的曙光。

大众对内容付费态度的转变原因除了国人对于内容付费接受程度的增强、移动支付的普及、内容付费商业模式的不断创新等原因外，社交也是重要因素之一。很多内容媒体平台都在社交平台上注册账号与用户开展社交互动。例如腾讯视频、网易云音乐都注册了官方的微信公众号和微博账号，通过微博、微信与用户开展社交互动，进一步培养用户黏性，加强用户对媒体平台的忠诚度进而实现培养用户内容付费的习惯。

2. 社群价值

基于社交互动的社群价值体现在以意见领袖为中心建立的社群形成内容消费。互联网时代意见领袖崛起，意见领袖作为两级传播中的重要环节，通过自身的影响力构建了一个社交圈，而他们的忠实追随者就以该意见领袖为中心，构成了一个社群。近几年盛行的追星文化就是基于“爱豆”的影响力在粉丝群体中建立一个社群，相互交流信息，一起为偶像应援、购买CD、周边等。同

[1] 张宇宏．浅析从免费到内容付费消费者行为改变的原因[J]. 今传媒，2017（3）：25.

样身份地位的网民建立起的社交圈，并在此基础上实现内容的消费，也是社交互动刺激内容消费的一个重要方式。

3. 营销价值

基于社交互动的营销价值是借助社交互动来实现与用户的联系从而展开营销。内容媒体平台注册微信、微博等社交账号除了通过社交培养用户付费习惯外，最终目的都是为了营销实现盈利。社交营销通过社交来获取受众的注意力和关注度，并将受众的关注度转化成消费动力。海尔的官方微博虽然不属于出版内容媒体，但是海尔官方微博通过出色的社交吸引了一大批用户和关注度，为海尔的营销推广起到了不小的作用。全媒体时代，“两微一端”已经成为了媒体社交的必备配置，不论是传统的内容媒体还是内容新媒体都会在经营自身业务的基础上，开拓“两微一端”，实现社交营销。

三、服务价值累积

（一）品牌价值累积

在市场竞争中，品牌常常被视为企业获取竞争优势、进驻目标市场的核心力量，这在出版行业中也不例外。从我国近年的出版市场来看，出版业正快速进入一个品牌竞争的时代。出版品牌也是出版市场竞争的必然产物，出版品牌是在出版营销或传播过程中形成的，自身具有特定的名称和标志，用以将产品或服务与读者等关系利益团体联系起来，并能为出版企业带来新价值的出版媒介。

随着出版业的市场竞争不断加剧，各出版企业纷纷开始创建自己的出版品牌。出版品牌的创建包括出版品牌定位和出版品牌设计两个过程。成功创建了出版品牌之后，如何将出版品牌推入市场，如何让广大的消费者接受并认同该品牌，就需要出版企业策划主动的营销传播活动。

出版品牌从创建到发扬光大主要依赖于出版品牌的传播环节，出版品牌传播是提高出版品牌知名度和美誉度的重要途径，它可以提升消费者对品牌的认知度和认同。出版品牌传播过程主要包括广告、公关、销售三种途径，出版企业或利用媒体广告投放、宣传招贴、网络软文等广告形式进行品牌推广，或通过新书发布会、图书捐赠、培训班等公关活动进行品牌宣传，或通过多样化的销售渠道和优质的销售服务来赢得消费者对品牌的认同。

出版品牌构建应用在全媒体时代也同样重要，全媒体时代品牌构建依靠更新的广告、公关和销售方式。广告体现在渠道的传播的改变和与受众的交互性的增强。全媒体出版品牌可以在各种社交媒体上实现广告营销，摆脱了过去必须依靠报纸、广播和电视才能实现宣传的烦琐步骤。受众的交互性也体现在媒体渠道特性的变化上，新媒体双向反馈功能有助于提高媒体和用户的社交互动，也有助于广告宣传效果。公关体现在新媒体的及时性上，也让危机公关的处理更具时效性。销售体现在移动支付的普及和电商的迅速发展上，带动了线上销售，有助于对于出版品牌的宣传。

（二）营销渠道累积

随着市场的发展，内容供应前所未有地丰富，渠道碎片化带来的群体注意力越来越分散，导致了传统的营销方式在现在的市场上逐渐失灵。在这个信息碎片化的时代，固化的营销手段已不能适应互联网新环境。

传统媒体的营销渠道一般为：作者—出版商—分销商—消费者。整个营销渠道，环节较为烦琐。而互联网环境下的营销渠道从内容生产者直接送达到消费者手里，弱化了中间渠道的功能，使得整个营销过程更加精简高效。互联网的导航栏分流通过人群分流实现不同服务功能的分流。用户可以在网页上自主选择自己需要的内容点击浏览，在一定程度上也简化了营销过程。

同时，互联网环境为“线上＋线下营销”模式的实现提供了条件。“线上＋线下整合营销”模式已经广泛应用于各种类型的媒体之间。全媒体时代，传统媒体和新媒体营销渠道的界限逐渐被打破。传统媒体服务行业也开始向数字化转型，猫眼、淘票票等线上购票与线下观影形成了很好的衔接。唱吧 KTV 与旗下 App 建立合作，可以将 KTV 现场演唱的音乐和视频上传至 App 上。而互联网新媒体做好线上营销的同时，开始延伸线下营销活动，例如天猫“双十一狂欢夜晚会”、抖音发起的“一起来抖”内容盛典等，线上和线下跨媒体的结合不仅累积了营销渠道，提升了营销效果，还为用户提供了更人性化的服务。

（三）增值路径累积

全媒体出版时代，媒体出版在不断转变服务观念的过程中，逐渐开始面临新的机遇和挑战。互联网行业的迅猛发展使商品开始走向同质化，而仅仅满足基础服务并不能更好地满足用户的内心需求，产生商品的差异化。因此，增值服务应运而生。

网络增值服务是在原有网络软硬件基础之上进行的二次开发，它在不影响原系统的前提下实现功能的增加，使网络功能得到低成本甚至零成本增值。❶比如微博中的游戏、腾讯旗下的“开心消消乐”，都是借助社交网络而开发的网络增值服务。在现有的人脉资源中挖掘出相似的性格、爱好、目标等特质，通过二次开发的增值服务来凝聚用户，积累社群价值，为品牌增值提供用户基础。

在出版领域，电子书、网络文学以及期刊游戏领域的增值服务也不断成为数字出版中重要的盈利来源。网络文学的社交增值服务为读者建立了一个完整的基于兴趣爱好的分众化社群；游戏的增值服务包括游戏代练、周边产品和游戏中运用的辅助产品，为用户提供更全面的游戏体验感受；期刊的增值服务包括提供情报、咨询、评测科研成果、培训课程等，❷是将科研期刊的内容进一步深挖的重要方式和途径。

媒体开发增值服务是为了提升服务水平和效果，也是为了开发新的经济效益。做好服务，更应该从战略层面去统一研发增值服务，从人际接触点增加服务意识。

全媒体出版媒介矩阵的建构在全媒体出版中是必不可少的一个环节，将角色媒体、内容类媒体和服务类媒体各自的优势用大数据算法技术整合为一体，为用户提供个性化的内容和无限增值的服务，不断进行互动，优化“人”的感觉，为积累价值创造条件，增加用户黏性，提高社会影响力。

❶ 李菡，黄智宇．新媒体时代下网络增值服务初探[J].美与时代（城市版），2016（1）：13.

❷ 关颖．数字环境下科技期刊增值服务模式探析[J].中国传媒科技，2018（7）：17-18.

第四章　全媒体出版的品牌建构

根据全媒体出版未来的发展态势，全媒体出版将呈现结构扁平化、媒介多点化的特征，理想型全媒体出版的流程涉及角色媒体、媒介数据、出版品媒体、出版服务媒体、发行渠道等环节，由于每一环节在市场上的分工不同，每一环节可以成为单一子品牌，也可以贯穿于全媒体出版主体的品牌系统之中，整合成为全媒体出版主体的自身组织品牌。本章将从全媒体出版的品牌类型、品牌现状以及品牌战略三个方面来研究全媒体出版的品牌发展。

第一节　全媒体出版的品牌类型

在互联网时代，品牌不仅仅是指传统商品的品牌，还包括网络时代以某个人或者某个事物为中心所形成的品牌。有些被称为“虚拟品牌”，但经过不同程度的开发创造出不少于实体品牌的商业价值。根据目前全媒体出版的基本产品内容要素，全媒体出版品牌分为角色媒体品牌、内容类出版品牌和服务类出版品牌等。

一、角色媒体品牌

全媒体出版中的角色媒体主要是指作者或创作团队（出版主体），因此，角色媒体品牌分为作者品牌和创作团队品牌。

（一）作者品牌

作者品牌是指以作者为品牌，运用作者广泛的市场号召力和有力的质量承诺，发掘创作者的声誉、知名度、影响力等的潜在价值，将创作主体的价值拓展成为品牌的价值，从而形成品牌效应。

作者品牌可以分为两类。

（1）具有优秀创作能力的作家，其写作能力受到广泛认可，拥有自己的读者群，如余华、阎连科、贾平凹、海岩、钱鍾书、严歌苓等知名作家，他们是写作领域的金字招牌或流派代表，拥有庞大而忠实的读者群。以优秀作者为品牌的全媒体出版可以最大化地发挥作者的优势。以罗辑思维为例，罗辑思维的全媒体出版就是以作者为品牌的。罗辑思维创始前，作为央视前主持人，罗振宇本人已经有了一批关注者。从 2012 年《罗辑思维》长视频脱口秀开播以来,《罗辑思维》以主讲人罗振宇为品牌吸引了一大批受众。罗辑思维品牌展现出强烈的个人风格，罗辑思维最持久也是受众最多的出版物就是每天早上罗辑思维发布的罗振宇 60 秒语音。2015 年罗辑思维团队推出知识服务类 App“得到”，罗振宇既是创始人，也是“得到”App 的重要品牌。“得到”App 延续了罗辑思维其他出版物的品牌策略，仍以优秀的内容创作者为品牌，罗振宇、李笑来、薛兆丰、宁向东、万维钢（同人于野）、武志红等知识大咖本身就具有忠实的追随者，以大咖为品牌，为“得到”App 吸引了大量用户。

（2）在非写作领域有所建树的写作者，他们的个人经历、人格魅力是其成为品牌的最重要因素。这类作者常常出自受到公众广泛关注的领域或从事社会地位较高的职业，最常见的是来自影视演艺界、体育界、商界等领域，如演艺界倪萍的《日子》、王铁成的《我演周恩来》、吴尊的《决定勇敢》、郑爽的《郑爽的书》等作品，体育界杨威的《杨我国威》、刘璇的《璇木》等，商界潘石屹的《屹见》、史玉柱的《史玉柱自述：我的营销心得》等作品。人们出于对名人私生活的好奇，或是对自己偶像的支持，或是对名人在本职领域的认可，愿意消费这类作品，使得具有这种名人效应的图书在市场上形成了一定的品牌效应。以郑爽的《郑爽的书》为例，书中介绍了郑爽的成长经历，展现了郑爽的生活状态和内心世界，附送了郑爽多张未公开的照片，还分享了郑爽和胡彦斌恋爱时的 100 件小事。作为演艺明星的郑爽，其作品文学性虽然不如专业作家，但是郑爽本身已经拥有庞大的粉丝群体，《郑爽的书》的目标受众明确定位在粉丝群体，迎合了粉丝对明星私生活的好奇和关注，为图书带来了巨大的销量。

作者品牌具有以下特点：① 作者品牌受创作主体的影响大，极具个人风格。以作者为品牌的全媒体出版和创作者的个人形象关联大，一旦创作主体的形象受损，产品出版也会受到影响。2018 年范冰冰“阴阳合同”事件被曝光后，以范冰冰为品牌的影视出版受到很大影响。由范冰冰、吴亦凡等主演的《爵迹 2》原定于 7 月 6 日上映，但上映前十天却突然宣布改档，新的上映日期至今未公布。事件发生后，范冰冰客串的电影《大轰炸》迅速改变宣传策略，7 月 3 日发布的新定档海报中，将“特别参演：范冰冰”删去。而本来就因主演之一的性侵丑闻陷入延播的古装大剧《巴清传》，更是再度陷入因范冰冰的形象受损带来的重创中，至今未能播出。② 作者品牌具有延续性。作者的口碑、知名度、影响力等价值可以延续到创作者之后的出版作品上。以作者为品牌，可以培育作者深层次的价值，打造长久产业链。

作者品牌的全媒体出版的优势在于，可以实现品牌的系列化、持续化发展。一个好的作家本身就具有广泛的市场号召力和有力的质量承诺。尤其是多产的名作家，会形成持续性的品牌效应，创作主体的发展也会带动品牌的形象转型发展。首先，以作者为品牌的全媒体出版有助于品牌序列化。如罗辑思维，围绕罗振宇的个人品牌形成了公众号、App、视频等全媒体出版方式，即使出版媒介不同，但凭借一以贯之的作者品牌，罗辑思维实现了品牌的系列化。其次，以作者为品牌的全媒体出版有助于品牌持续化发展。如安妮宝贝早期给人的印象是激烈叛逆，笔下的故事残酷灰暗，但是 2014 年改名庆山之后，她的风格转为平淡开阔，拓展了受众群体，实现了作者品牌的持续发展。

（二）创作团队品牌

创作团队品牌，即全媒体出版以有一定知名度、影响力的创作团队为品牌，其品牌效应主要表现在不论是原创作品，还是对原始作品不同媒介形态的再造作品，都能够在受众中引起巨大反响，为出版物带来一定的经济与社会效益。

创作团队既可以是原始作品的创作团体，也可以是原始作品不同媒介形态的制作团队或者出版主体。

原始作品的创作团体品牌以作品创作团队的良好口碑为品牌，如公众号的创作团体、电视剧的制作团队等就是全媒体出版的品牌。例如电视剧《芈月传》就是以原始作品的创作团体为品牌的典型案例。电视剧《甄嬛传》播出后受到观众热捧，因其制作精良，细节处理细致入微，为创作团队赢得了良好口碑，导演郑晓龙和幕后制作团队随即又拍摄了相似题材的《芈月传》，宣传的最大看点就是《甄嬛传》原班制作团队倾力打造。以原始作品的创作团队为品牌可以通过优秀作品的积累形成一个相对稳定的品牌形象。

出版主体品牌（组织品牌），就是以全媒体出版主体自身为整体品牌的品牌战略。出版主体品牌汇聚了旗下子品牌的优势，是长期积累形成的，在受众心中有相对固定的整体品牌形象，出版主体品牌的影响力覆盖旗下的各个子品牌。以商务印书馆为例，商务印书馆创建于1897年，是中国老牌出版社，享有极高声誉，主要业务范围是工具书、翻译作品、学术著作、科技图书等，在长期的出版过程中拥有了享有声誉的出版物，商务印书馆也在读者心中形成了相对固定的品牌形象，为大众所信赖。其品牌影响力覆盖旗下的出版物，让读者能够“认出版社购买”，是以出版主体为品牌的典型代表。除了图书出版领域的商务印书馆，影视出版领域也有以出版主体为品牌的成功案例，如正午阳光影业，出版了《北平无战事》《琅琊榜》《温州两家人》《伪装者》《欢乐颂》等优秀的影视作品，打造了“正午出品，必属精品”的品牌形象。

以创作团队为品牌的全媒体出版具有以下典型特点：① 品牌具有延展性。不同于单个作者，创作团队是一个人员可以调整的、架构可以更改的团队，不会因个人的进入和退出而影响团队的出版进程，因此创作团队品牌更具延展性。② 品牌可以覆盖更多出版作品。作者品牌受个人创作速度的影响，覆盖的出版作品是有限的,但完善的创作团队的出版效率更高,覆盖面更广。以“米未传媒”为例，为了防止组织老化停止迭代，保持企业活力，米未坚持每年进行一定比例的强制淘汰,米未每年的人员更迭并不会影响整体进度。米未传媒推出的《奇葩说》至今已播出五季，参与内容产出的艺人每一季都会有所变化，但依然维持着团队的整体形象。米未传媒的创作团队覆盖的作品也多于以单个作者为品牌的出版主体，其旗下出版作品包括《奇葩说》系列,《饭局的诱惑》《拜拜啦肉肉》《黑白星球》等网综节目，付费音频产品《好好说话》等。

出版品牌的形成不是一蹴而就的，需要长期的作品和口碑积累，创作团队品牌的可延伸、覆盖广的特点，使形成长期品牌成为可能。以创作团队作为品牌既能发挥角色媒体品牌形象直观、与受众互动更密切的优势，又能避免单一创作主体的局限。

二、内容类出版品牌

内容类出版品牌是指不同媒介形态的出版产品品牌，根据产品类型可分为文字类出版产品品牌、图文类出版产品品牌、视听类出版产品品牌等。

（一）文字类出版产品品牌

文字类出版产品品牌是指在产品出版方面，文字类产品所占比重大且为核心出版物的品牌。传统出版社纸质出版物和以互联网为载体的电子书、数字报纸等文字类出版产品都以文字类出版产品为核心出版物。

以传统出版社纸质出版物品牌为例，一般来说，纸质出版物品牌可分为单本（或单套）出版物品牌、丛书出版物品牌、系列出版物品牌。单本（或单套）出版物品牌有少年儿童出版社的《十万个为什么》等；丛书出版物品牌有商务印书馆出版的汉译世界学术名著丛书，2006年接力出版社出版的《鸡皮疙瘩》丛书等；系列出版物品牌有上海译文出版社出版的译文名著文库系列，中国人民大学出版社的考研类图书、知名报刊，等等。

文字类出版产品品牌的特点在于内容权威性和表现形式单一。以文字类出版产品为核心出版物的品牌更容易形成权威的品牌形象，这是由于文字在表达严肃性、逻辑性的内容时具有天然的优势。但是不同于图文类、视听类、交互类的产品，文字类出版产品具有表现形式单一的劣势。

文字类出版产品品牌的价值在于品牌延伸潜力大。在出版产品的开发方面，文字类出版产品可以积累原始粉丝，以文字类内容作为原生IP的产品是后续IP开发的源头，具有深度开发的潜力，可以进行影视、动画、音乐、游戏等多领域的开发。

（二）图文类出版产品品牌

图文类出版产品品牌是指在产品出版方面，图文类出版产品所占比重大且为核心出版物的品牌。图文类出版产品采用文字和图片相结合的表现形式，图文融合共同构成内容表达。作为重要的视觉传达艺术形式，图片的运用为内容表达增添了感染力。

图文类出版产品包括传统纸质出版物和以新媒体为载体的图文出版物。传统出版中，图文类出版产品常见于报纸、杂志、图书等出版形式。随着互联网技术的发展，图文类出版产品开始以新媒体为载体，微信公众号、微博等平台的出版物都以图文类出版产品为品牌。杂志也是以优秀的图文内容为品牌。以杂志《国家地理》为例，该杂志自1888年10月由美国国家地理协会创办以来，其图片选取方面的高标准和印刷的高质量历来为人称道。《国家地理》的内容主要是世界各地的风土人情、社会、历史，以图文结合的方式出版。早在20世纪初期，彩色照片在当时还属于罕见技术，在其他杂志因高成本止步不前时，《国家地理》就已经开始使用彩色照片了。为了追求更好的图片内容，《国家地理》不惜巨资投入，1992年为了在西伯利亚进行深水拍摄，该杂志的摄影师克里斯托夫把价值100万美元、重达15吨的摄影器材运至贝加尔湖，总共动用了171个箱子，而最终只刊出6张照片。正是对摄影的极致追求使得该刊成为来自世界各地的摄影新闻记者们梦想发布自己照片的地方，也使《国家地理》在众多杂志中独树一帜，赢得了读者青睐。

今天，我们已经进入了“读图时代”，视觉文化的地位愈加重要。相较于文字类出版产品，图文类出版产品更加直观，也更符合现代人的阅读习惯。图片更加通俗易懂、大大方便了读者理解文字内容。不同于文字类出版品牌的严肃性，图文类出版品牌更富趣味性，重视视觉享受，更加适合轻松愉悦的风格。

（三）视听类出版产品品牌

视听类出版产品品牌是指在产品出版方面，视听类出版产品所占比重大且为核心出版物的品牌。视听类出版产品以音频、视频相结合的表现形式为主。

视听类出版产品品牌包括数字音乐、数字视频、电子杂志、有声书等。以数字音乐为核心品牌的全媒体出版主体包括各大唱片公司、音乐网站，音乐App等；以数字视频为核心品牌的全媒体出版主体包括腾讯视频、爱奇艺、优酷等视频网站及App；以电子杂志为核心品牌的全媒体出版主体包括《瑞丽》杂志等，随着H5技术的发展，电子杂志类的视听类出版产品品牌还会焕发新的生机；以有声书为核心品牌的全媒体出版主体包括“喜马拉雅FM”“懒人听书”“掌阅听书”等品牌。

视听类出版产品品牌的典型案例是腾讯，腾讯的业务范围涵盖游戏、电影、数字视频、动漫、网络文学、数字音乐等，旗下的子品牌包括腾讯视频、QQ音乐、腾讯新闻、腾讯微博、QQ阅读等。各个子品牌构成了强大的品牌合力，充分挖掘并满足不同受众的媒介需求。同时，各个App之间互相引流，有助于增强用户黏性。

这种新的媒介形式以及新的内容表现形式，相对于传统媒介形式更为灵活，媒介与数据入口较多，创作主体更为丰富，与用户距离更近。内容类出版品牌的建设是满足用户需求、挖掘用户群体价值的全媒体出版品牌建设的首要任务。

相较于文字类出版产品品牌和图文类出版产品品牌，视听类出版产品品牌更具娱乐性，表现形式生动直观，感官刺激更加强烈，更容易吸引用户，增强用户与品牌的黏合度。

（四）交互类出版产品品牌

交互类出版产品品牌是指在产品出版方面，交互类出版产品所占比重大且为核心出版物的品牌。交互类出版产品以出版主体和受众之间的频繁互动为特点。通过互动的形式，受众可以即时做出反馈。

交互类出版产品品牌包括交互型图书、交互型电视剧、交互型电影、交互型短视频。交互型图书这一模式近年来应用得越来越广泛，如网络连载小说、网络连载漫画的作者会根据读者的评论来调整故事走向，增加读者喜爱的内容；韩剧的制作团队会根据观众的反响和投票改变大结局。在视频网站观看视频时，还可以通过弹幕进行即时互动等。

电影《愤怒的河流》的出版就以交互为品牌特色。2018 年 5 月 18 日，电影《愤怒的河流》在美国上映。这部电影最大的特点就是在播放过程中观众可以和电影形成互动。影片在播放过程中能够依据眼部追踪技术和人工智能来评估观众观影时的关注点和关注时间长短，然后从五条故事线中挑选最符合观众兴趣点的一条呈现结局，满足观众的个性化需求。

交互类出版产品品牌的发展建立在技术的进步上，交互类出版产品品牌具有表现形式多的特点，广泛运用了文字、图片、音频、视频、动画等多种表现手法。交互类出版产品品牌还具有互动性强、即时反馈的特点，满足了传受双方沟通的需要，使受众的需求得到更好的体现。

交互类出版产品品牌的价值主要体现在三个方面：首先，在于个性化满足。这类出版产品给用户的选择更多，可以进行内容的个性化定制。其次，交互类出版产品改变了受众地位，改变了受众被动接受的局面，真正做到了“以用户为中心”。最后，交互类出版产品对用户需求的及时反馈，有利于出版主体及时调整出版内容，从而可以获得更好的效益。

三、服务类出版品牌

服务类出版品牌是为满足用户多维度人性化的出版消费需求而提供给用户的出版服务品牌。根据满足用户的需求类型不同可以分为社交娱乐类出版品牌、自我展示类出版品牌、交易服务类出版品牌等多种类别。

（一）社交娱乐类出版品牌

社交娱乐类出版品牌是满足用户在社交娱乐方面需求的出版品牌。社交娱乐类出版品牌的特点在于社区化，在社交活动中形成了具有群体特征的社群。

以微信公众平台为例，微信公众平台依托腾讯自身庞大的资源优势及品牌效应，跨越运营商壁垒、硬件壁垒和社交网络壁垒，实现了现实与虚拟世界的高效链接，多种形态信息传送方式、传受双方的双向互动性以及传播信息的私密性和即时性等特色功能为受众提供了具有自家特色的优质服务，从而赢得了以年轻人为代表的一批忠诚的用户，在较短时间内成功树立了鲜明的品牌形象并获取了丰厚的经济社会效益。

社交娱乐类出版品牌在增加用户黏性方面具有优势，通过用户之间的社交互动，形成相对稳定的圈子，利用社交关系“粘住”用户，从而形成忠实用户。

（二）自我展示类出版品牌

自我展示类出版品牌，是满足用户的自我展示等需求的出版品牌，自我展示的方式可以是文字、图片、视频等。自我展示类出版品牌的特点在于内容生产以用户自制为主，内容生活化、娱乐化。

自我展示类出版品牌的典型代表包括优酷、抖音、快手等。以优酷为例，优酷以 UGC 内容生产发家，是中国领先的视频分享平台，允许用户上传自制内容，用户上传视频、获得关注、形成交流，满足了用户自我展示的需求，形成了社群文化。抖音、快手等移动短视频也是自我展示类出版品牌的代表。抖音上线于 2016 年 9 月。仅推出市场半年,用户量突破 1 亿,日播放视频超 10 亿。抖音短视频一般在 15 秒左右，在这 15 秒内能留住观众就意味着成功，而 15 秒刚好能展示用户的舞蹈、唱歌、轮滑等个人特长或形成一个笑点。曲调明快的音乐、动感的节奏、简单易学的舞蹈动作、有趣的视频特效无不撬动着年轻人的表达欲。为了促进更多素人用户自我表达，抖音利用母公司今日头条的算法优势，采用了去中心化的推荐方式，这意味着即使你是一个粉丝都没有的素人，只要能拍出有趣的视频就会被算法推荐给更多人，获得关注，这无疑大大刺激了用户的自我表达需求。

自我展示类出版品牌的价值主要体现在：首先，满足用户自我表达需求；其次，自我展示类出版品牌刺激了原创内容的生产，用户主动生产内容，大大节约了内容制作的成本；最后，自我展示类出版品牌更加个性化，能满足不同用户展现不同自我的需求。

（三）交易服务类出版品牌

交易服务类出版品牌是以服务出版主体和受众之间的交易为核心、满足用户价值实现需求的出版品牌。交易服务类出版品牌具有连接作者和受众的特点，是二者沟通、交易的平台。

根据交易方式的不同，全媒体出版可以分为线上交易服务出版品牌和线下交易服务出版品牌。线下交易服务出版品牌可以是传统的发行渠道,如新华书店、万圣、国林风等；线上的则可以是电子商务网站、百度文库等，也可以在全媒体出版平台中自建交易服务类出版品牌。

线上交易服务出版品牌的典型代表是起点中文网，作为国内最大的文学阅读与写作平台之一，起点中文网创建于 2002 年 5 月，2003 年 10 月开创了在线收费阅读的新模式，目前起点中文网已建立起集创作、培养、销售于一体的电子在线出版机制，为作者和读者提供了线上的交易服务平台。

第二节　全媒体出版的品牌现状

尽管全媒体出版具有传统出版方式难以企及的优势，但我们也必须意识到全媒体出版的现状不容盲目乐观。作为快速变化、发展的新兴产业，全媒体出版在国内外的发展都面临着亟待解决的问题。国内的全媒体出版存在品牌合作路径单一、盈利模式不明确、用户黏合度低以及盗版侵权等问题；而国际方面，全媒体出版也存在发展不平衡的状况。全媒体出版现阶段的这些问题为未来的全媒体出版提供了继续完善的方向。

一、国内全媒体出版品牌现状

目前我国的全媒体出版仍然处于起步的阶段，也没有形成真正有影响力的全媒体出版品牌。由于目前的全媒体出版中大多数为合做出版模式，即传统出版机构与数字运营商合作，其出版流程较传统及数字出版呈现出周期缩短、同步性强、介质多样等特点，但在品牌的建设上也表现出品牌不稳固的问题。例如，在同一出版物的发行中，两家合作单位各司其职宣传发行，但在这一出版物发行过后，两家合作单位的合作结束，这一出版物的品牌就昙花一现，其后续发展基本处于自生自灭状态。长此以往，全媒体出版品牌的建设与发展显然是无从谈起。与此同时，不难看出全媒体出版品牌的现状实质上是出版产业与媒体产业的品牌延伸与品牌融合。在媒介融合大背景下，出版与媒体产业的品牌延伸与融合通过运用全媒体平台，与原有产品形成互补，满足现有受众群体的需求，同时通过品牌延伸与融合精耕原有市场，稳固受众群体。

目前全媒体出版品牌在建设中存在以下四个主要问题。

（一）全媒体出版品牌合作路径单一

理想的全媒体出版品牌是出版的各个环节相互协作，发挥各个产业链的作用创造价值，各个子环节共同构成整体的品牌形象。但目前大多数全媒体出版品牌是传统出版品牌或者媒体品牌的延伸或融合，是跨机构的品牌合作。这种合作只是短期单项任务的合作，在推出出版物后便分道扬镳。目前所谓全媒体出版品牌只是简单的机构间的内容与品牌合作，并没有形成建设全媒体出版品牌的一股合力。

以 2016—2017 年大火的文化类综艺节目《中国诗词大会》为例，播出收视率始终保持在央视所有节目收视率排名的前列，2017 年第二季总决赛期（第 10

场）关注度更是达到 0.941%，创文化类节目收视之最。综艺节目大火后，其他相关出版产品的开发也随之而来，但是之后的相关产品开发只是几个出版机构的简单合作，没有形成品牌合力，反而消耗了原有品牌的价值。2016 年 6 月中央电视台《中国诗词大会》栏目组联合中华书局出版了同名书籍《中国诗词大会》，2017 年 7 月栏目组又联合北京联合出版公司出版了图书《中国诗词大会（第二季）》。2017 年 7 月，《中国诗词大会》人气选手陈更联合东方出版社出版读诗笔记《几生修得到梅花》。2018 年 1 月《中国诗词大会》命题专家组组长李定广联合东方出版中心出版《中国诗词名篇赏析》。2018 年 4 月节目评委蒙曼联合浙江文艺出版社推出新作《四时之诗：蒙曼品最美唐诗》。2018 年 8 月《中国诗词大会》栏目组联合北京联合出版公司出版《中国诗词大会：第三季》，同年 11 月《每日读诗日历》编委会与北京联合出版公司合作推出“中国诗词大会答题游戏卡”。从以上的出版活动可以看出出版方对于《中国诗词大会》这一 IP 的开发并没有统一的规划，各个出版机构各自为政，合作伴随着出版产品推出而止，这样的全媒体出版虽然是多种媒介的共同开发，但是却难以形成合力。

全媒体出版品牌建设中存在的机构间的简单合作的问题阻碍了品牌的长期发展。这样的出版不能保证全媒体出版物的品牌价值，更难形成全媒体出版品牌。品牌建设是一个积累的过程，需要长期稳定的品牌形象、忠实的用户、一以贯之的产品质量。现阶段我国的全媒体出版单纯注重于短期效果。只注重短期效果就难以形成强势的全媒体出版品牌，简单的合作带来的只是昙花一现的效果，随着产品生命周期的结束，很快就会被遗忘。过分的短视还会对原品牌的声誉和影响力造成损伤。

解决这一问题的关键在于树立全媒体出版观念，在出版前建立全面完善的出版计划，统筹出版的各个阶段。同时出版过程中要与出版机构建立稳定的合作关系，形成出版产品的品牌积累，完成整体品牌建设。

（二）全媒体出版品牌盈利模式不明确

目前所谓全媒体出版品牌，其盈利模式不够明确。多机构合作的出版模式是目前我国全媒体出版的主要出版模式，然而其暴露的缺点也是比较明显的，这种简单的企业或者是机构间的合作只是产品间的简单相互流通，只是收获短时间内多样出版物出版发行所带来的直接利益，没有长期有效的盈利模式。

以《秦时明月》的 IP 开发为例，从 2007 年秦时明月系列动画在北京电视台播出并取得成功后，《秦时明月》先后被改编为漫画、手游、ARPG 网页游戏、2DQ 版网页游戏、电视剧等出版品。《秦时明月》这一 IP 的开发获得了巨大收益，但是也不难发现，在《秦时明月》的开发过程中明显存在着重复开发、资源浪费、缺少稳定的盈利模式等现象，如《秦时明月》曾在 2013 年和 2016 年两次被改编为 ARPG 网页游戏，2012 年和 2014 年由两家不同公司出版其衍生的漫画作品。从《秦时明月》的 IP 开发可以看出，目前的全媒体出版，只是迎合市场的短时需求，出版以不同媒介为载体的作品，而缺少长期的品牌规划。

全媒体品牌建设中存在的盈利模式不明确的问题使得全媒体出版缺乏长效的品牌建构机制，其品牌价值增效有限，品牌形象也不清晰。全媒体出版品牌虽具有商业属性，但这样简单的商业价值垒砌的盈利模式显然是没有发展前景的。另外，全媒体出版本来可以最大限度地调配资源，整合出版力量，实现低成本高回报，但是目前模糊的盈利方式难以做到这一点。

解决这一问题的关键在于寻求长期的盈利模式，开发全媒体出版全产业链的商业价值，对出版各个环节、不同出版产品，进行全面深度的开发，实现资源的最优配置，打造长期稳固的品牌形象。

（三）全媒体出版品牌用户黏合度低

目前的全媒体出版虽然是一种新型的出版方式，但是依旧没有彻底摆脱传统出版的影子，其出版方式是简单的合作和介质的拓展，并没有从根本上呈现出全媒体出版应具有的特征。强调的“以用户为中心”也只是表现在多介质与同步发行，在满足用户需求、提高用户参与体验等核心任务上的表现尚不尽如人意。简单地将同一内容照搬到不同媒介，造成了内容的同质化，容易造成受众的审美疲劳，也不能满足不同媒介使用者的差异化需求。

报纸的数字版就是鲜明的案例，很多报纸的数字版只是将报纸的内容和版式原封不动地扫描下来，做成电子版，没有根据不同媒介的不同特点做出相应调整，有的报纸的电子版，用户甚至难以在 PC 端看清扫描后的文字，这样的生硬照搬大大降低了报纸数字版的阅读量。除了电子报纸外，报纸的官方微博也需要以用户为中心，不能只是将报道原文作为微博文章上传上去，而是需要根据微博用户与传统纸质报纸读者的不同特征，制作语言生动、短小精悍的短微博，多配发图片，适当插入音视频，使之符合微博用户的需求。

全媒体品牌建设中存在的介质拓展生硬的问题，使得全媒体出版在互相引流的过程中用户流失严重。对同一内容的简单搬运不能满足不同受众的需求。对于同一内容，不同媒介的受众有着不同期待，文字出版品需要文笔优美，但改编为漫画时长篇大论的文字就成为了负担，所以目前存在的这一问题就造成了全媒体出版的受众难以互相流通。

解决这一问题的关键在于根据不同媒介的特点，把内容和媒介统一起来，进行全媒体出版。同时，要真正树立“以用户为中心”的观念，服务好用户需求，提升用户体验。这样的全媒体出版才能真正做到互相引流，拓展用户群体。

（四）盗版问题侵害版权方利益

出版市场的盗版问题已屡见不鲜，从盗版书、盗版光碟，再到盗版网络小说、盗版音频，盗版问题一直侵害着版权方利益。随着全媒体出版时代的到来，盗版行为也随之“升级”，当前的盗版行为呈现出投入成本小、越来越依托技术发展的特点。我国的盗版问题主要有以下三方面亟待整改。

（1）用户的付费意识尚待加强。一方面，免费作为互联网用户的心理习惯根深蒂固，很难改变。用户付费习惯的建立是一个长期的过程；另一方面，2016 年知识付费兴起以来，在经历快速发展的阶段后，知识付费进入下半场，迎来了相对冷静的时期。用户对全媒体出版产品的要求提高了，要想赢得付费用户，需要更优质的内容、更强的竞争力。第三方权威数据机构艾瑞 mVideoTracker 在 2018 年 1 月公布的数据显示，腾讯视频月总播放设备量达 7.9 亿台，但同年 2 月，腾讯视频公布的数据显示，腾讯视频付费会员数为 6259 万。腾讯视频的会员人数虽然继续保持在行业第一，但相对于整体用户数量而言，愿意付费的用户还是少数，付费模式还处在发展中。

（2）侵权成本低，维权成本高。热门影视剧在各大视频平台、院线上线不久，即可在网盘上找到在线观看资源。随着互联网技术的发展，批量复制的成本大大降低，但是维权却面临着投入大、周期长的困境。

（3）版权保护力度有待加强。一方面平台监管薄弱，一些平台利用“避风港原则”逃避监管责任，任由用户违规分享；另一方面，立法还需加强。依照我国《著作权法》的规定，著作权指的是以文字、口述、舞蹈、建筑、摄影等形式表现的文学、艺术、自然科学、社会科学、工程技术等领域的作品。数字网络出版物层出不穷，但《著作权法》尚未有相关规定，尽管近年来对网络著作权的侵权打击力度加大，但在司法实践中仍面临许多问题。2016 年 4 月初，一组名为“友谊的小船说翻就翻”的漫画爆红网络，各种基于这个漫画模板的“翻船体”铺天盖地，不少微信公众号的阅读量都超过 10 万次。但是，与此形成鲜明对比的，则是这些转载、再创作大都没有注明出处，也没有取得原作者授权。❶

以百度网盘侵权一案为例，近年来，网盘逐渐成为著作权侵权的“滋生地”，侵权盗播现象屡见不鲜。2015 年 7 月，互联网视频正版化联盟成立，该联盟由搜狐视频、腾讯、优酷、土豆、凤凰视频、爱奇艺等互联网公司组成，旨在形成行业自律，维护版权市场有序发展。根据该组织 2016 年发布的《深度链接侵权行为报告》显示，受盗版链接影响，正版视频网站每年损失的流量超 24430911.5 千次，损失广告收益达 18 亿元。

首先，全媒体品牌建设中存在的盗版问题损害了耗费重金购买 IP 的版权方应得的经济利益，打击了出版主体的原创积极性；其次，盗版行为还削弱了用

❶ 肖家鑫，管璇悦 . 版权的小船，不能说翻就翻 [J]. 人民日报，2016.

户的付费意愿，阻碍了出版物的版权运作，造成了市场秩序混乱；最后，盗版出版产品是对原作品的消耗，破坏了被侵权品牌的品牌形象。

解决这一问题的关键在于加强平台监管，明确平台责任。同时，出台相关法律，从法律上规定各方义务，加大执法力度。目前我国的相关工作正在进行中，除了每年的“剑网”行动外，近年来我国在版权保护方面还取得了突破性进展，新媒体不再是法外之地，国家的相关规定愈加严密。

二、国外全媒体出版品牌现状

（一）国家间品牌发展差距大

国家间品牌发展差距大主要体现在目前世界各国的全媒体出版处于不同的发展阶段。世界全媒体出版发展的历程可以分为成型期、快速发展期、成熟期三个基本阶段。非洲、亚洲、南美洲的一些不发达国家处于成型期，这一阶段的出版以内容为核心，各个出版主体自由竞争，品牌概念还没有被重视，品牌形象的发展属于“无意识的发展”。同时，出版企业的经营处在以“提供产品”为主的产品经营阶段。

大多数国家和地区处于快速发展期，这一阶段品牌经营意识迅速提高，出版主体开始有意识地打造自己的品牌形象。主要变化有四点：① 随着出版实践的积累，品牌理论也逐渐完善，品牌在市场中的作用开始被重视；② 出版行业的发展使得出版主体之间的竞争加剧，品牌经营日渐成为竞争的重要武器；③ 受众的选择增多，因此受众不再满足于大众化的传播，而是希望出版主体能满足自己个性化的需求，这就要求出版主体有自己的品牌特色；④广告主在选择投放对象时希望能准确定位受众，减少不必要的投入，因此需要出版品牌对自身有定位，对受众市场有选择。同处于第二个发展阶段的国家间也有很大的差异。韩国、新加坡、南欧和北欧的多数国家、澳大利亚以及我国的港澳台地区，品牌经营起点较高，目前发展得相对成熟。中国内地、南亚的印度等国家、东欧各国则起步较晚，发展空间还很大。❶

美国、日本、西欧各国则处于全媒体出版的成熟期。这一阶段出版的界限逐渐消弭，全媒体出版、出版主体的融合发展成为趋势，出版的进入门槛大大降低，出版主体间的可替代性大大加强。在这样的背景下，品牌经营成为出版主体形成差异化竞争力的重要环节。出版主体不仅更加注重品牌经营方面，对品牌延伸方面也非常重视。品牌的影响力被延伸到新的出版环节上。

（二）区域品牌集群力量失衡

区域品牌集群力量失衡是指全媒体出版行业为了获得集群效应，会产生品牌集聚现象，但由于各国技术水平的不同、全媒体出版发展阶段的不同、国家政策的鼓励或限制等不同因素，世界各国的全媒体出版企业分布很不均衡，国家间的全媒体出版品牌实力差距很大，这就造成了区域品牌集群力量失衡。

这种区域品牌集群力量失衡体现在以下三方面：首先，各地区出版品牌集群在市场上的占有率差距显著。欧美国家的全媒体出版主体占据优势地位，世

❶ 宋祖华.媒介品牌战略研究——理论分析与中国实证 [D]. 上海：复旦大学，2005.

界级的出版企业主要集中在欧美国家。《商业周刊》和 Interbrand 公司联合发布的“世界品牌 100 强”排名中，入选百强的媒介品牌几乎全部是美国品牌。欧美等国的全媒体出版品牌集群效应好，有助于促进合作，相互借力，发挥更大的品牌效应。如美国品牌《国家地理》、时代华纳、迪士尼等在世界上具有广泛影响力。而其他国家或地区的全媒体出版品牌整体发展落后，难以形成集群，国际影响力与欧美品牌不可同日而语。其次，全媒体出版产品的内容由少数国家和地区的全媒体出版公司垄断。少数西方传媒产业集团占据了世界上绝大多数的信息生产。而其他处在出版弱势地位的国家，不仅向欧美等发达国家输出的内容少，而且很难被发达国家的主流社会所接受。最后，各国在新技术运用方面的差距加大了区域品牌集群力量的差距。发达国家在信息网络方面的建设更为成功，网速更快、技术更强、相关人才储备更丰富，这就使得发达国家的出版品牌的技术含量更高，更具前沿性。

以电影行业为例，2016 年，全球电影票房累积达 381 亿美元，其中美国好莱坞的票房就达到 289 亿美元，占总票房的 76%，其全球影响力可见一斑。好莱坞海外发行网络遍布全球，海外市场在好莱坞的收入体系中占据重要地位，好莱坞电影在制作之初就考虑到了各国的不同文化，照顾不同国家的文化特色，力求收割全球观众。不仅好莱坞的总票房成绩十分亮眼，美国影视产业在全球的出口同样占据优势。2016 年，美国影视产业在全球的出口额总计 165 亿美元，几乎在所有国家实现了贸易顺差，顺差总额高达 122 亿美元。在全球化过程中，由于各国的产业发展水平不同，其在全球市场的竞争力也大不相同。出版产品中蕴含的价值观和生活方式会在潜移默化中对受众产生深刻的影响。因此，欧美国家文化的强势输出，对全球的文化多样性和在国际文化市场中处在弱势地位的国家保护本民族文化提出了新的挑战。

全媒体出版品牌的地区分布不均衡造成了信息内容不均衡的不良后果。世界舆论场为优势出版集团所左右，“议程设置”的权力掌握在少数优势出版主体手中，优势出版主体在传递信息时也传递着所秉承的价值观，而不发达国家缺少展示自我的“麦克风”，在全球语境中长期缺失，他们的国家形象往往被固化。西方媒体对于 2018 年 11 月法国巴黎“黄背心”运动和 2014 年 2 月乌克兰危机的不同报道就体现出了掌握话语权的媒体对舆论的操纵。两场抗议都是由民众对政府决策的不满引发，都造成了警方与民众之间大规模的暴力冲突，但是对于“黄背心”运动，西方媒体外宣加紧呼吁抗议者们“尊重法制、尊重法国的机构”；而对于乌克兰危机，西方媒体却宣称袭击警察、烧毁汽车和毁坏公共财产的抗议者们是“英雄”。

（三）商业品牌占据主导地位

全媒体出版品牌分为商业品牌、国营品牌和公营品牌。商业品牌是私人持有的，以盈利为主要目的的，自主经营、自负盈亏的品牌。在世界范围看，当前商业品牌在竞争中占据着主导地位。国营品牌和公营品牌是接受政府的资金或政策扶植，不以盈利为主要目的，而以给人民提供高质量出版产品为目的或以宣传和引导舆论为目的的品牌。

商业品牌的主体地位主要体现在三方面：① 从 20 世纪 80 年代开始，商业品牌的市场占有率不断上升，国营品牌和公营品牌的市场逐渐缩水；② 国营品牌和公营品牌的发展速度明显放缓，商业品牌阵营中则不断涌现强势品牌。今天，全世界影响力最大的出版品牌中，国营媒体仍然存在，但需要注意的是国营品牌的发展速度明显放缓，没有出现新的有影响力的主体，实力雄厚的还是老品牌，如 NHK、BBC、ZDF、CBC 和新华社。反观商业品牌则发展迅速，强势品牌不断涌现，如维亚康姆、贝塔斯曼等企业；③ 国营品牌逐渐走向商业化。为了增强竞争力，提升企业活力，老牌国营品牌也在进行商业化，法国在 1985 年设立私营电视台，日本的四家私营电视台实力大大加强，英国 BBC 推出了商业性品牌——BBC 环球，依靠 BBC 强大的产品资源，BBC 环球迅速占领市场，目前已成为能和其他商业性电商品牌抗衡的企业。而中国也在进行国营品牌的深化改革，将市场竞争引入国营出版品牌。

以 BBC 的商业化道路为例，20 世纪 80 年代，全世界的公有广播电视行业都面临着商业品牌的冲击，市场占有率不断走低，BBC 在这样的局面下，不得不进行商业化改革，独创了“两分立”道路，即将商业活动和公共服务分离开，即使企业充满竞争和活力，在市场上占据了优势地位，增加了商业收入，又使商业活动符合公共利益。

国外全媒体出版的现状，启示我们在全媒体出版走向国际化的道路上，要特别注意国家间发展阶段的不同步性、地区分布的不均衡性，在体现国际化的同时警惕文化霸权主义，讲好中国故事，传播中国声音。另外，国际全媒体出版业的商业化也为我国那些实力雄厚的老牌出版企业的全媒体出版提供了借鉴的先例。

第三节　全媒体出版的品牌战略

通过对全媒体出版品牌的分类以及发展现状进行分析，我们对于全媒体出版的品牌有了初步的了解，如何让品牌在全媒体出版时代创造更高的社会价值是我们要解决的问题。在本节中，笔者将对全媒体出版的品牌战略进行详细划分和解读，为品牌策略的实施提供一些理论依据和案例分享，希望能对品牌在全媒体时代的背景下形成自己的特点和发展模式有所帮助。

一、全媒体出版的品牌战略分类

全媒体出版在品牌战略上有三种划分方式：① 根据组织品牌和产品品牌的地位划分；② 根据子品牌地位划分；③ 合作品牌战略模式。

（一）根据组织品牌和产品品牌的地位划分

1. 以组织品牌为主的战略模式

以组织品牌为主的模式就是以出版主体等企业机构自身的整体品牌为主导的模式。组织品牌（母品牌）在品牌系统中占有绝对的主导地位，一般情况下，它往往成为系统的主要品牌，其影响力覆盖组织的每一个子品牌和产品品牌。❶这种模式比较复杂的结构常常为较大型的媒介组织所采用，当媒介组织本身具

❶ 宋祖华. 媒介品牌战略研究——理论分析与中国实证 [D]. 上海：复旦大学，2005.

有强大影响力、为受众广泛接受时，采用以组织品牌为主的模式能发挥组织品牌的品牌效应。以中央电视台这个品牌为例，CCTV 在受众心中是权威、高质量的象征，因而 CCTV 下属的 CCTV-1、CCTV-2、CCTV-3 等都把 CCTV 的标志放在醒目的位置。

以组织品牌为主的模式具有以下特点：① 品牌经营管理费用少。母品牌影响力覆盖旗下子品牌，节约了品牌的管理成本。② 品牌风格统一，在内容上有一以贯之的特色，产品有相同点，有利于形成鲜明的品牌个性。③ 品牌便于消费者认知和记忆，采用这种战略的品牌往往有便于消费者辨识的鲜明特色。

企鹅出版集团就是采用以组织品牌为主的战略模式。作为世界上最大的大众图书出版商之一，企鹅出版集团品牌经营上有一个为人称道的特色，那就是极具标志性的装帧。凡是企鹅出版集团所出版的产品都遵循固定的封面格式、字体以及固定的色彩识别系统：橙色是小说、深蓝为自传、绿色是悬疑、红色是戏剧。标志性的封面设计让企鹅出版集团的出版产品在书架上能够与其他品牌区别开来。在品牌的运营中，企鹅集团以组织品牌为重点，强化受众对出版组织的认识，是典型的以组织品牌为主的战略模式。

2. 以产品品牌为主的战略模式

以产品品牌为主的战略模式是以产品品牌为主干架构起来的模式。产品品牌在品牌系统中占有绝对的主导地位。这种模式常常为产品间相对独立的媒介组织所采用，当媒介产品之间的关联不大、媒介产品本身具有强大竞争力的时候，这种战略最为适合。

以产品品牌为主的模式，品牌相对独立，不同媒介产品的品牌之间关联度较弱；组织品牌不再发挥覆盖作用，产品品牌在受众心中具有各具特色的品牌形象。因而，以组织品牌为主的品牌模式对产品内容要求更高，要求产品本身具有聚集受众的能力。

如华纳唱片就是采用产品品牌为主的战略模式。华纳音乐集团是 21 世纪世界三大唱片公司之一，隶属于时代华纳。华纳唱片在出版音乐产品时就是以唱片产品本身为品牌，产品的购买者不是因为时代华纳的品牌而购买的，而是出于对唱片本身质量的肯定。在受众的认知体系中一些艺人可能风格差距很大，但这些艺人却都是华纳唱片旗下的艺人，如林俊杰、蔡依林、吴克群、萧敬腾、李荣浩、郭采洁、潘玮柏等。华纳唱片发行过的专辑有萧煌奇的《孤独的和弦》、林俊杰的《学不会 Lost N Found》、李荣浩的《李荣浩》等，都获得了很高的认可。

3. 混合型战略模式

混合型战略模式即出版主体既重视企业机构自身的整体品牌对子品牌的覆盖，又重视产品品牌对用户的聚合，是一种组织品牌建设和产品品牌建设并重的战略模式。随着出版主体的发展，混合型战略模式被广泛应用，这种模式常常为实力较强、结构较复杂的全媒体出版主体所采用。

混合型战略模式最重要的特点是组织品牌建设和产品品牌建设并重，这样既能够发挥出版主体品牌强大的覆盖效应，又能形成各具特色的产品品牌，避免了品牌形象的单一，提高了品牌的风险抵御能力，实现了收益的最大化。

如湖南卫视和其旗下的“快乐大本营”“天天向上”“金鹰独播剧场”等多

个栏目就是采用混合型战略的典型案例。湖南卫视既有组织品牌整体的品牌效应，又充分发挥了各个节目的品牌效应，互为援引，打造出了强大的品牌效应。各个子品牌之间还会互相支持，如在“快乐大本营”上往往会宣传参与湖南卫视其他节目的艺人，参演“金鹰独播剧场”播放的电视剧的艺人，在电视剧播出期间会在“快乐大本营”和“天天向上”宣传，这已经成为一套默认的宣传流程。

（二）根据子品牌地位划分

1. 核心品牌领先战略模式

核心品牌领先就是全媒体出版主体重点发展品牌系统中的一两个品牌，同时带动其他品牌共同发展的战略模式。当全媒体出版主体的品牌系统中品牌之间的差距较大，一个或两个品牌特别突出时，这种战略比较适合。选择的核心品牌可以是覆盖组织所有子品牌和产品的组织品牌，也可以是系统中的一个或两个子品牌。❶

核心品牌领先的战略模式具有媒介特色鲜明的特点，核心品牌深入人心，是品牌形象的代表。另外，采用核心品牌领先的战略模式能够发挥核心优势，快速打开市场，利用一两个优势品牌的市场形象，为出版主体的其他产品背书。

如河南卫视的发展历程就体现出核心品牌领先的战略模式。在各大卫视的激烈竞争中，河南卫视深入挖掘并充分利用本土文化资源，以“戏曲”和“武术”为特色，以独特的竞争优势打出了自己的核心品牌——《梨园春》和《武林风》，

❶ 宋祖华 . 媒介品牌战略研究——理论分析与中国实证 [D]. 上海：复旦大学，2005.

这两个依托地方传统文化推出的品牌节目为河南卫视开拓了受众群体，赢得了市场认可。在这两个核心品牌取得成功后，河南卫视还以“梨园春”品牌为突破点，举办了“全国专业戏曲院团展演”赛事活动，并在澳大利亚悉尼歌剧院成功举办了《梨园飞歌——大型戏曲交响乐音乐会》。河南卫视充分发挥戏曲优势，以“梨园春”带动整体品牌发展，是核心品牌领先战略的典型代表。

2. 多品牌并重战略模式

多品牌并重战略模式指以多个品牌为主导的战略模式，采用这种模式并不意味着全媒体出版主体对品牌系统中的每级子品牌都一视同仁，在资源配置等方面平均分配，而是出版主体要选择品牌系统中几个实力较强、潜力较大的品牌，力争多点开花，以形成多个主要品牌广泛覆盖、均衡发展的战略格局。

多品牌并重战略模式的主要特点是覆盖广泛，发展均衡。多品牌并重的战略模式促使几个主要品牌互为援引，相互支撑，市场覆盖率更高，受众定位更加广泛，避免了短板对品牌整体形象的负面影响。

南方报业传媒集团的发展过程就充分体现出了多品牌并重的战略模式。南方报业传媒集团成立后，在发展中提出了“媒体多品牌战略”，以主报《南方日报》为核心，发挥主品牌的影响覆盖力，同时重视三个子品牌的作用，南方周末报系、南方都市报系、21 世纪报系三个子品牌各具特色，满足了不同受众的差异化需求。在形成品牌和报系的过程中，南方报业传媒集团采取“多品牌滚动发展”的方式，以优质品牌报系为核心孵化新的子报子刊，“龙生龙，凤生凤”，一步一步地扎实走好品牌发展之路。2003 年，由南方报业与光明日报报业集团强强联合打造的《新京报》一经推出就迅速在北京报业市场占据了一席之地。《新京报》的推出就体现了南方报业传媒集团"多品牌滚动发展"的发展路径。目前，南方报业传媒集团已经形成了以《南方日报》《南方都市报》《南方周末》《世纪经济报道》《城市画报》等为主要品牌、多品牌并重发展的品牌系统。

（三）合作品牌战略模式

品牌合作战略模式是全媒体出版跨界的品牌合作模式，对于全媒体出版行业而言，品牌合作模式是一个重要的战略模式选项，如宜家与小米等品牌的合作。全媒体出版行业本身处于起步阶段，在复杂多变的市场环境中寻求到品牌特质相近、业务互补的合作伙伴无疑会使得其品牌建设事半功倍。

品牌合作战略模式的主要特点有两点：① 合作伙伴的选择会影响品牌形象，因此在选择合作对象时必须注意合作对象的品牌特性需要与原品牌调性相近，定位人群相似，从而形成"1 + 1 > 2"的效果；② 选择业务互补的合作对象有利于快速弥补短板。

以浙江少年儿童出版社和娃哈哈集团的合作为例，作为一家以少年儿童为主要读者对象的专业出版社，浙江少年儿童出版社精耕垂直领域，在国内少儿读物市场表现稳健，连续 15 年保持占有率第一。浙江少年儿童出版社和娃哈哈集团的目标群体都定位在少年儿童，品牌特质相近，二者的合作带来了良好的效益。出版社推出的"娃哈哈"系列图书，"娃哈哈经典故事大王""娃哈哈学前教育系列"以及"娃哈哈幼儿教育挂图"等出版产品的市场反响很好。通过与娃哈哈集团的合作，浙江少年儿童出版社在少年儿童中的知名度进一步打开。

德国贝塔斯曼集团和中国“榕树下”的合作也是合作品牌战略模式的典型案例之一。作为世界四大传媒集团之一的德国贝塔斯曼集团，1994 年先于其他国家的出版集团进军中国，希望获取中国的广大市场，但是效果一直不太理想。究其原因主要有两个：① 贝塔斯曼的整个产业链中缺少廉价的文化内容供应商；② 作为一个外国品牌贝塔斯曼在中国的接受度不高，不被中国消费者所认可。这就为贝塔斯曼与“榕树下”的合作奠定了基础。首先，贝塔斯曼进军中国的目标市场是文化程度比较高的高校学生和职场白领，这一定位与“榕树下”的重合度很高，为二者的合作奠定了基础；其次，“榕树下”是当时中国最大的原创文学品牌，聚集着包括韩寒、慕容雪村、宁财神、李寻欢、安妮宝贝等作家在内的中国优秀的原创作者，并在国内出版产业链的各个环节都有持续稳定的合作伙伴。当时，“榕树下”平均每天有 6000 篇投稿和近百篇书稿，还有 160 万作者和读者。“榕树下”庞大的用户基础和活跃的创作氛围解决了贝塔斯曼所面临的缺少廉价的文化内容供应商的问题。而且，“榕树下”创作氛围宽松，作为最早的网文平台之一，它在读者心中素来占据着文艺青年圣地的地位，这无疑解决了贝塔斯曼所面临的与中国读者有隔阂、市场认可度不高的问题，为贝塔斯曼走向本土化提供了可能。

二、全媒体出版的品牌策略实施

（一）深挖 IP 价值

深挖 IP 价值是指以优质 IP 为核心，系统地、多角度地发掘 IP，开发不同形态的出版产品。IP 的发掘不是“杀鸡取卵”的短期变现，而是一个需要长期经营的过程，走好 IP 开发的每一步，将品牌与 IP 融合，形成 IP 的品牌价值。具体来讲，深挖 IP 价值包括两方面：① 开发 IP 不同内容形态的价值；② 开发 IP 全产业链的价值。

1. 开发 IP 不同内容形态的价值

开发 IP 不同内容形态的价值是指全媒体出版要围绕核心 IP，开发适合不同媒介形态的出版产品，实现内容多渠道直达用户。开发 IP 不同的内容形态不是单纯地将同一内容放在不同平台上，而是要贴合不同媒介的用户的习惯，发挥不同内容形态的优势。

如 2018 年出版的《习近平新时代中国特色社会主义思想三十讲》就采用多种媒介形态出版的模式，出版了不同开本的纸质图书，还在人民网、新华网、求是网、中国文明网及教育部网站发布了视频及图文课件，在喜马拉雅 App 发布了音频版，满足了不同用户的多方面需求，实现了优质内容的充分开发。

2. 开发 IP 全产业链的价值

开发 IP 全产业链的价值是指全媒体出版要深度开发 IP 从产生到发展的各个环节的价值，打破目前存在的变现困境，创造全产业链的价值。

以阅文集团为例，阅文集团重视产业链开发，一方面，鼓励内容创作，打通 IP 的上游产业；另一方面，驱动 IP 的开发和运营，打通 IP 的下游产业。为了实现 IP 全产业链的开发，阅文集团建立了 IP 共营合伙人制，力求充分实现 IP 的价值。如阅文旗下的《全职高手》这一顶级二次元 IP，小说自在起点中文网发表以来，积累了大量粉丝，通过动画、游戏、衍生品更是吸引了更多关注。2018 年《全职高手》推出了电视剧,由企鹅影视和柠萌影业联合出品,杨洋主演,进一步深挖了 IP 的价值。

通过对 IP 不同内容形态、不同产业环节的深度挖掘，为 IP 的运营增加了活跃周期，对培养 IP 的长久生命力、实现 IP 的可持续化开发具有重要意义。

（二）出版一体化

未来的全媒体出版将呈现结构扁平化、媒介多点化的特点。媒介的多点化使得全媒体出版在出版活动的过程中形成了媒介矩阵，打通了出版媒体间的信息内容共享，提高了用户体验感与黏合度，有力地获取了数据支持，提升了出版生产服务与营销的效果，为全媒体出版品牌整体价值的提升提供了有效保障。

在互联网应用与媒介融合的时代趋势下，全媒体出版的品牌建设应充分利用外部的技术与资源优势，在传统行业不断被冲击和颠覆的变革浪潮中重新找到自身品牌定位，确立互联网时代中的竞争优势。

出版一体化策略促进了媒介融合，能满足受众的不同媒介偏好。以 BBC 为例，早期 BBC 只有两个媒体平台，即广播和电视。互联网出现后对传统媒体造成了极大冲击，BBC 也开始了全媒体发展道路。1997 年 12 月，BBC 推出其官方网站 bbc.co.uk，开始了全媒体道路。时至今日，BBC 已拥有 28 个不同语种的网站。BBC 在创始之初就同时面向国内、国外两个市场，既面向英国本土观众，又积极开拓海外市场。BBC 一方面拓展自己的传播渠道，针对媒介发展的趋势，适时对原有出版体系进行补充；另一方面，也充分发挥自己面向两个市场的优势，为不同国家、不同地域的受众提供特色化的服务，以出版一体化促进了 BBC 在互联网冲击下的发展。

同时，出版一体化策略有助于实现跨媒体的信息共享，还可以整合资源、节约成本，实现传播资源的最大化利用，在全媒体融合中形成合力，扩大出版主体的影响力。2016 年投入使用的人民日报“中央厨房”就是体现了出版一体化策略的优势。人民日报创建于 1948 年，现在的人民日报，已经由过去的一张报纸发展为包括报纸、杂志、网站、微博、微信、客户端、手机报、手机网、网络电视、电子阅报栏 10 种载体的全媒体出版主体。人民日报“中央厨房”遵循“一体策划、一次采集、多种生成、多元传播、全天滚动、全球覆盖”的设计理念，构建了空间平台、业务平台和技术平台三大平台，形成了人民日报调控旗下所有媒体的指挥中枢，高效实现了全媒体产品的策划、采集、制作和发布。

“凯叔讲故事”品牌的运营也采用了出版一体化策略。“凯叔讲故事”是儿童内容领域的优质品牌领域，是由央视前主持人王凯创立的。由 2014 年创办品牌以来，累积播放了 8000 多个故事。“凯叔讲故事”最初只是一个单一讲故事的微信公众号，采用出版一体化策略后，已经综合运用微信、App、故事机等媒介共同传播，内容形式涵盖故事、音乐、游戏、课程等各个方面的需求，充分开发了儿童教育领域，满足了用户在不同场景下的阅读需求。2016 年“凯叔讲故事”正式推出“亲子课程”。2017 年年底，成立了童书出版部门。在衍生品方面，“凯叔讲故事”先后打造了“凯叔西游记”“凯叔小诗仙”“凯叔小词仙”“凯叔西方经典童话”“凯叔三国演义”等随手听以及“凯叔声律启蒙”蓝牙音箱、“凯叔学习桌”等儿童用品。

（三）生态运营、协同发展

生态运营、协同发展的品牌策略是指全媒体出版的品牌运营不能仅仅局限于单个产品的推广，而要积极建立整体的全媒体出版生态圈，各个环节协同发展，形成联动。具体可以分为两个方面：① 品牌延伸，IP 跨界；② 平台联动，协同发展。

1. 品牌延伸、IP 跨界

品牌延伸，是品牌经营的一个重要组成部分。品牌延伸包括两种形式：① 将原有品牌的影响力应用在新产品上，如商务印书馆利用《新华字典》的品牌效应成功开发了新华字典 App；② 产业链的延伸，如视频网站涉足内容开发，推出自制剧、自制综艺。以迪士尼为例，迪士尼电影大获成功后，迪士尼开始将品牌延伸到文具、服装、玩具等商品领域，获得了巨大收益。品牌特许经营所带来的收益约占迪士尼收入的十分之一。全媒体出版同样可以开发延伸产品，例如一个以旅游为主的全媒体出版机构可以开发属于自己的主题客栈，同样也可以联合其他行业开发诸如旅行装、背包等。

品牌延伸要建立在原品牌发展成熟的基础上，选择成熟 IP，挖掘品牌价值。IP 跨界，优质内容是根本，只有原有 IP 在市场上占有一席之地，形成了一定影响力，才具有品牌延伸的可能。

成功的品牌延伸不仅可以减少品牌进入市场的壁垒，使用户快速接受新产品，还可以提升整体品牌的影响力和竞争力，使品牌从单一产品向多领域辐射。而不当的品牌延伸也会模糊品牌定位，损害品牌的整体形象。因此在进行品牌延伸时需要考虑新品牌与原有品牌在品牌定位、品牌情感诉求方面是否契合。

一个品牌要延伸到新的产品类别，首先要让消费者深信品牌在逻辑上是合适的，与新产品具有关联性。

腾讯从泛娱乐到新文创的过程就是品牌延伸、IP 跨界的典型案例。2011 年，腾讯首次提出了以“IP 打造”为核心的“泛娱乐”构思，并逐渐构建了一个打通游戏、文学、动漫、影视、戏剧等多个领域的 IP 生态圈。2018 年，腾讯又进一步提出了要将“泛娱乐”升级为“新文创”，在这一升级中腾讯延伸了品牌产业链，不再局限于争抢热门 IP 而是转而开发塑造具有生命力的 IP。如腾讯以敦煌为核心 IP，进行了深度开发：动漫方面开发了敦煌主题漫画；游戏方面发布了纪录片；《王者荣耀》推出了敦煌主题的英雄皮肤；QQ 音乐将敦煌古曲与现代音乐相结合进行创作。腾讯的“新文创”概念，体现了腾讯力求实现 IP 在多产业链、多文化主体和多受众群体间全面打通的“野心”。

2. 平台联动、协同出版

平台联动、协同出版是指全媒体出版的品牌塑造应联合各个平台。理想的全媒体出版不是机构间的简单合作，而是出版的各个环节、各个平台协作，发挥子品牌的作用，同时聚合成为整体品牌，最大化地发挥品牌价值。

目前的 IP 开发存在分布零散的特点，各个平台各自为政，合作只是暂时的，没有实现协同出版。如前文提到的《中国诗词大会》的 IP 开发，就存在着没有统一的规划，合作伴随着出版产品推出而止、不能形成合力的状况。

实现平台联动、协同出版的全媒体出版策略，关键要建立长期稳定的合作关系，如正午阳光影业就有自己固定合作的编剧、导演、演员及出版渠道，稳定的合作关系为品牌的塑造提供了可能。另外，实现平台联动、协同出版的全媒体出版还要求各个平台互相支撑，共同打造“可持续 IP”，让品牌价值最大化。

《哈利波特》的 IP 开发就体现出平台联动、协同出版战略的优势。哈利波特 IP 塑造了一个独立的、自成体系的魔法世界，形成了 IP 开发的生态圈，小说、漫画、电影、游戏、主题乐园、衍生品等不同平台的产品开发互相引流，不同平台为不同媒介偏好的受众提供了进入这个“魔法世界”的多种入口。

（四）角色媒体联盟

角色媒体联盟是指赋予媒体个性化、人格化的角色属性，形成品牌效应，共同创造价值。品牌的人格化是拉近品牌与用户之间距离的有效方式。如 Papi 酱，2016 年凭借原创短视频走红，目前微博粉丝已达 2905 万。Papi 酱这个品牌和 Papi 酱本人紧密相连，通过个人的形象使受众对品牌有了更加直观的体验。

角色媒体联盟具体途径分为两种：① 同属性的角色媒体之间形成联盟。这种联盟是受众定位相似或创作题材相似的创作者之间的联合，这类出版主体对特定领域有强大的号召力，形成角色媒体联盟，具有强强联合的效果。例如，“十点读书”微信公众号完成初始粉丝积累后就开始打造属于自己的角色媒体联盟，先后创建了十点读书会、十点电影、十点电台、她读等平台号。② 全产业链的各个环节形成角色媒体联盟，实现产业链之间纵向互补，如影视公司的原著作者、编剧、导演、摄影、运营团队、发行平台等产业链上的各个环节，都可以形成各自的角色形象，再聚合成为角色联盟。

以往的出版行业或者媒体行业中，名作者或者名主持带来的品牌效应是有目共睹的。以媒体行业为例，在受众心目中，往往将媒体的品牌与记者、编辑、主持人的知名度相联系。人们看到快乐家族自然而然地就想到了湖南卫视的《快乐大本营》，而快乐家族也着实为湖南卫视带来了一定的品牌效应。因此，在全媒体出版中，应着重培养名作者、打造名团队，使得角色媒体在全媒体出版品牌的建设中相互叠加，形成角色媒体联盟，为出版主体的整体品牌带来更大效益。

第五章　全媒体出版与互动传播商业模式

随着互联网的蓬勃发展，各种各样的高新技术正在重新构建着整个社会，改变着我们的生活模式和生产模式。大数据、互联网、算法技术不只给人们的生活带来了方方面面的变化，对于出版业也有着不小的冲击。从传统出版时代过渡到数字化时代再到跨媒体时代、融媒体时代，出版业发展到今天，我们看到了一个更高效的全媒体时代。

在互联网思维发展下的全媒体出版同样遵循着互联网思维中以用户为中心的核心点，运用互联网的技术，通过媒体与用户互动沟通，挖掘和引导用户，从而最大限度地满足用户需求，为用户提供更优质的服务。因此，在全媒体出版时代互动传播显得尤为重要，各个不同的主体通过有效的商业模式，进行高效的互动传播，将创造出更高的商业价值和社会价值。

第一节　全媒体出版的互动传播类型

在全媒体出版的互动传播过程中，根据传播主体的不同属性我们将全媒体出版的互动传播分为关系互动传播、符号互动传播、媒介互动传播、情境互动传播、议程互动传播等五种互动传播模式。

一、全媒体出版的关系互动传播

（一）关系互动的内涵、分类与特点

“关系”是事物间相互作用、相互影响的状态。在传播学中我们将“关系”定义为发生在传播主体之间的一切社会交往。在全媒体出版中，传播作为最基础、最核心的行为，各个主体之间复杂多样的互动关系则成为全媒体出版的一个基本条件。

关系互动（Relation Interaction）就是各类主体之间借由不同的关联所产生的相互作用而进行的传播行为。根据关系主体特性的不同，我们将关系互动分为人际关系和公共关系两大类。在关系互动中根据所处的环境，我们可以将人际关系分为线下人际关系互动和线上人际关系互动，也可分为血缘关系、地缘关系、业缘关系及互联网时代异军突起的趣缘关系。在互联网思维下的全媒体出版中，关系互动主要是人际关系和公共关系、线上关系和线下关系相结合，紧密联系、互增互补。

关系互动在互联网思维的影响下具有关联性、融合性和过程性的特点。关系互动的基础就是主体间的关联性，在全媒体出版中我们需要各个主体之间形成一些人际关系或者公共关系来提高传播效果。互动的基础是差异协同，融合是关系互动中的又一重要特色。相比于传统出版，全媒体出版更突出的特色是通过互联网思维将各类关系进行有效融合，通过互动拉近各个主体之间的距离。过程是事物发展所经过的程序，关系互动的产生是一个过程性的动作。在全媒体出版中，各个主体在经过各种各样的关系互动后彼此了解，从而决定下一个阶段的关系转化，排异或者融合都会随着关系互动的过程逐渐清晰。

（二）关系互动在全媒体出版中的应用

1. 关系互动在全媒体出版平台建构中的应用

在全媒体出版的平台建构中，互联网技术将不同形态的媒体进行深度融合，把文字、图像、音频、视频等同一内容的各种表现形态通过不同的平台进行一种新型的出版。关系互动在平台建构中呈现出关联性、融合性和过程性的特点。各平台促使不同的主体通过地缘关系或趣缘关系建立起更深层次的关系，从而加强平台中的用户黏性，为全媒体出版的延续性提供更多的核心受众。例如，知乎、豆瓣、贴吧等平台会为一群有着共同爱好的用户开设专门的社区，这就是基于趣缘关系而构建的一个全媒体出版平台。

2. 关系互动在全媒体出版媒介矩阵中的应用

媒介矩阵是全媒体出版的一个重要特色，它以出版核心活动和用户群体延展的周边服务需求为中心。在全媒体出版时代，我们每个人都生活在互联网创造的“象征性现实”中，大部分人会将和自己有关的内容以不同的表现形式在不同的媒介上进行传播，将自己不同的一面展现给不同的群体，以此来维持自己的社交关系。同时，媒介通过大数据来抓取用户在不同媒介上的属性来进行推荐以增强用户黏性。例如社交类 App 都设有分享的功能，可以将有用的信息分享给不同平台上的好友，使不同媒介上的用户形成更加紧密的关系，打造个人专属的媒介矩阵。

3. 关系互动在全媒体出版品牌战略中的应用

在全媒体出版的品牌战略中，由于品牌的组织属性，品牌互动主要以公共关系为主。在互联网思维的影响下，扁平化、媒介多点化的特点使得受众和品牌之间的关联性越来越弱，品牌要使受众与其建立超强的信任度就要付出更多的成本。因此，关系互动在品牌战略的实施中的关联性作用可以最大限度地增强品牌传播效果。例如品牌形象广告大多侧重表达亲情、爱情、友情等题材，为受众提供感情上的共鸣来增强品牌认知度，拉近品牌与受众之间的距离。

二、全媒体出版的符号互动传播

（一）符号互动的内涵、分类及特点

“符号”是指具有某种代表意义或性质的标识，来源于规定或者约定俗成，一般指文字、语言、电码、数字符号、化学符号等。在传播学中，符号具有交

际功能、表述功能、理解功能、传达功能和思考功能。在全媒体出版中，人们通过符号的建构和表达来形成理想的表达意义，通过不同的符号形式和符号内容来丰富全媒体出版，使其创造出更具价值的传播内容。

互动传播是传播主体间基于传播渠道的符号信息的互动过程，符号互动是互动传播过程的核心。根据符号的分类我们可以将符号互动分为语言符号互动和非语言符号互动。语言符号互动就是以口头语和书面语作为主要符号形式进行互动与交流的行为方式，作为最基本的人际传播手段具有暧昧性和普遍性；非语言符号互动是以除语言之外的视觉、听觉等符号为信息载体的互动与交流方式，与指称对象之间具有某种相似性和通义性。这两种符号互动类型在人际互动传播过程中相互弥补，使得互动双方能更深层次地了解彼此。在全媒体出版中更需要各个主体之间进行密切的符号互动来促进沟通交流。

随着互联网科技的普及，符号互动具有了区域性、时效性、情境性、建构性等特点。首先，符号意义的区域化是符号互动得以顺畅进行的基础。在进行互动的过程中，不同的区域对符号的认知也不同。在全媒体出版时代更是如此，通过对同一事物不同的符号化的理解便会产生新的事物，从而进行传播，产生更广泛的传播效果。其次，从符号的意义来讲，符号互动具有时效性。互联网时代让大众接触到的信息更加海量，更新信息的速度越来越快，要想让信息获得很高的曝光量，就必须在一定的时间段内采取措施，过了时效就不会基于原有的信息进行互动。而且，我们的社会生活是由人们的行动组成的，这些行动发生在一定的情景中，每个人在不同的场景中会有不同的角色设定，我们对于自己角色的理解和把握会影响我们的行为，从而进行不同的符号互动。最后，符号互动双方进行交流的时候对某些意义具有再构建的作用。传受主体双方在交流互动的过程中会对符号进行重新建构，创造出具有新意义的符号进行传播。全媒体出版的过程中，通过对不同的出版内容进行符号化从而适应每一个传播主体，确保出版内容获得最大化的传播效果。

（二）符号互动在全媒体出版中的应用

1. 符号互动在全媒体出版平台构建中的应用

符号互动在全媒体出版中表现为创作内容的介质形式，如文字、图像、音频、视频等，而且随着社会的信息化，符号的形式、类型呈几何速度增长。不同的平台属性催生出不同的符号，随着平台不断成长扩大，人们会对平台形成一定的共识，并对该平台所要发布的内容以及内容的性质做出符合平台符号特征的反馈。如：相对于微博和微信两个平台，用户对于微博的符号属性是面向大众的消息平台，内容多为视频、图片并且面向广大受众；而微信公众号发表的内容则以文字为主导并且内容面向和传播者有着强关系的用户。

2. 符号互动在全媒体出版媒介矩阵中的应用

全媒体出版的媒介分类主要包括角色媒体、内容类媒体和服务类媒体三种类型。在角色媒体中，以自媒体为例，创作者多方位地展示自己的角色特点，构建在受众心目中的典型印象，使受众对该自媒体形成一个统一的价值符号，进而增强用户黏性；在内容类媒体中，传播者必须对该媒体所能指和所指的符号价值形成统一的认识，才能促进双方更好地发挥该媒体的传播价值；在服务类媒体中，该媒体通过特殊的符号让用户注意到出版品并参与到出版品的创作和流通中去，会给出版品带来很好的传播效果。

3. 符号互动在全媒体出版品牌战略中的应用

全媒体出版品牌传播过程中传递给大众的品牌形象和品牌精神最终还是需要以符号的形式展示出来。品牌标识和品牌广告语是品牌形象的直接表现，主要通过语言符号和非语言符号进行创意表达。符号互动得以组合的关键在于品牌的核心价值符号是品牌的形式载体，符号系统是以整体的方式集中地使品牌形象更好地传播。如：对于品牌而言，一句脍炙人口的广告语、一个具有亲和力的代言人都对品牌的传播有着很重要的作用。

三、全媒体出版的媒介互动传播

（一）媒介互动的内涵、分类及特点

“媒介”是指一切能使人与人、人与事物或者事物与事物之间产生联系或者发生关系的物质。在传播学中，媒介是信息和知识的载体。在互联网时代，以大数据、网络化为特征的全媒体开辟了一个全新的媒介拟态环境。在全媒体时代，传播进入“草根”时代，人人都可以成为传播主体，这种媒介互动使出版更加全媒体化。

媒介互动是在媒介拟态环境下进行的互动。根据媒介符号属性的不同，媒介互动可以划分为同质媒介互动、异质媒介互动和多媒介整合互动。同质

媒介互动又可以分为平面媒介之间的互动、电子媒介之间的互动和数字媒介之间的互动。异质媒介互动又可以分为平面媒介与电子媒介之间的互动、平面媒介与数字媒介之间的互动和电子媒介与数字媒介之间的互动。多媒介整合互动通过将多种传播形态融为一体，围绕一个事件或主题来传播信息，从而最大限度地发挥互动传播在全媒体出版中的效果。在全媒体出版中，每个类型的媒介互动之间都进行深层次的交流和沟通，形成良性资源互补，更好地服务于全媒体出版。

互联网技术不断开发出新的媒介来供人们进行日常的交流，在不同的媒介属性的影响下媒介互动也有了一些属于新媒体的特点，如：媒介互动的议程设置性、媒介互动的聚合性、媒介互动的持续性、媒介互动的延续性。媒介互动的议程设置性是指媒介互动具有形成社会“议事日程”的功能，如微博热搜榜。媒介互动的聚合性主要涉及传播过程中的渠道的聚合和传播话题关注点的聚合。通过不同的媒介来强调同一个话题，这对最终形成舆论有着强大的推动力。媒介互动的持续性是指满足同步互动的媒介对媒介行为或内容做出反馈并引发再次反馈。例如在直播过程中，直播者和用户之间可以进行双向互动来决定所要传播的内容。媒介互动的延续性主要是基于互动双方在传播过程中的传播地位以及传播内容的保存和查找上。随着网络信息及时性的不断加强，人人都可以在事情发生的一瞬间进行传播，而各类媒体以及有关部门才会在事后进行相关的处理和跟踪报道，这就使得后真相时代离我们越来越近，而媒介互动的延续性则让每一位受众都会持续关注事实的真相而不是深陷沉默的螺旋造成真相滞后。

（二）媒介互动在全媒体出版中的应用

1. 媒介互动在全媒体出版平台建构中的应用

在媒体发展进程中，去中心化的自媒体和垂直媒体的崛起，为全媒体出版平台建立一个可控的媒介环境提供了契机。角色媒体、内容类媒体和服务类媒体共同构成多维度布点，针对用户的需求和体验，不同媒介功能彼此分工合作，最大限度满足用户的需求，让用户感受到在多种媒介互动下的全媒体出版不再是单一的产品，而是全方位服务于用户的内容。例如在社交软件中，我们可以将感兴趣的内容通过不同的平台分享给朋友，微信、微博、QQ 等每个社交软件通过分享内容联系起来构成一个基于个人的媒介分享平台，从而扩大出版内容的传播范围。

2. 媒介互动在全媒体出版媒介矩阵中的应用

在互联网思维的影响下，人们对于外部世界的了解更多的是通过网络获得的。媒介营造的拟态环境成为大众对客观世界认知及群体价值观取向的主要途径，这个拟态环境不是由一种媒体构建的，而是我们生活中所能接触到的所有的媒体之间相互沟通互动共同构建的。不同的媒介可以营造不同的媒介环境，可以是积极的也可以是消极的。我们经常在不同的媒介中看到对同一件事情的不同解读，如果媒体之间不进行及时的沟通交流则会混淆大众对于事实的判断。因此，媒介互动对于全媒体出版媒介矩阵的建构有着重要的意义，全媒体出版所要接触的积极的拟态环境需要媒介互动来营造。

3. 媒介互动在全媒体出版品牌战略中的应用

在全媒体出版品牌战略中，媒介策略是品牌互动的重要内容，主要体现在互动媒介的选择及媒介组合上。首先，根据不同性质媒介的传播特色进行品牌互动内容的创意和策划；然后，通过媒介广而告之，与目标人群进行互动。媒介对于品牌而言代表的是读者和观众群，不同的媒介有不同的受众群体，品牌在制定传播战略时首先要定位好自己的目标人群，再根据目标人群的特性进行媒介选择和组合，最终实现品牌传播。例如在微博上进行品牌推广主要面向喜欢潮流的年轻群体，而在今日头条进行品牌推广主要是面向热衷于社会时事的群体。

四、全媒体出版的情境互动传播

（一）情境互动的内涵及特点

托夫勒在《未来的冲击》一书中这样指出："情境和情境之间的界限虽然可能不清楚，但每一个情境本身又有某种'完整性'，某种'同一性'。"情境是在一定的时间内各种情况相对的或结合的情况。传播情境指的是对特定的传播行为直接或间接产生影响的外部事物、条件或因素的总称。

情境互动的过程实际上就是情境对个体动机的作用过程。这个过程主要受特定情境结构中个体的认知、情感和习惯的影响。无论是客观情境还是主观情境，情境伴随着人的互动而逐步地转换。情境互动可以分为社会情境互动和媒介情境互动。社会情境互动主要体现在：① 情境的分离性导致互动传播行为的分离；② 社会情境互动具有明显的前、后台互动行为界限；③ 社会情境互动主要侧重的是语境对于情境的构造。媒介情境互动主要体现在媒介情境互动的融合性和虚拟性互动中。

在全媒体出版中，情境互动具有建构性、感知性和主观性的特点。情境互动的建构性是指在情境的互动传播过程中，环境具有客观性，而情境则是主客观相互作用的结果，情境与人互动所进行的正是主观与客观的互相建构的过程；情境互动的感知性是指在互动传播的过程中，人通过视、听、闻、触动等多维感和现实进行互动，全方位地感受到情境传达出来的综合信息；情境互动的主观性是指不同的传播主体在面对一定的客观环境时会有不同的解读，通过不同的个人解读形成情境因素，因此情境互动具有个人的主观性，在传播活动中影响个人行为。

（二）情境互动在全媒体出版中的应用

1. 情境互动在全媒体出版平台建构中的应用

在全媒体出版平台的建构中，情境互动通过"情境"和"互动"的优势让用户和平台之间更有黏性，更关注该全媒体出版平台产出的内容。"情境性"属于一种传达方式，在全媒体出版平台的建构中运用一些富有创意的情境，可以让受众在很愉快的环境中接受平台所要传达的信息。"互动性"是指相互推动、相互沟通与共同参与，在全媒体出版平台的建构中通过创意情境的建立，让更多的受众参与进来与情境、人物等产生互动，更多的参与感让受众产生更多的兴趣，从而留下更深的印象和心理影响以至于对全媒体出版平台产生更多的依赖性，有助于全媒体出版平台进行扩张。例如现代书店言几又、三联书店等，在书店营造出咖啡馆的氛围，将咖啡馆的环境幽雅和大量的图书结合起来，给受众创造了一个富有创意又更加舒适的环境，良好的体验感和互动感增加了用户的黏性，促使用户进行二次消费。

2. 情境互动在全媒体出版媒介矩阵中的应用

传播学四大奠基人之一卡尔·霍夫兰在《传播与说服》一书中将影响效果的因素归纳为传播者、传播讯息、阅听人以及阅听人的反应四大方面，并提出大众媒介说服的经典方程“谁对谁说什么”之后，传播媒介本身对传播效果的影响通常就被学者们省略了。在全媒体出版的媒介矩阵中，随着互联网技术的普及各种不同的媒介形式逐渐出现，我们意识到霍夫兰的经典公式似乎少了另一种可能性，即同一信息源对同样的受众传播信息，所采用的媒介形式不同所达到的效果也不一样。因此,不同的媒介矩阵创造出各种极具创意的“情境”，吸引着各种类型的受众进行互动,从而对全媒体出版的媒介矩阵形成依赖性。如:不同的媒介矩阵通过不同的情境互动吸引来不同年龄段和兴趣点的受众，全媒体出版物在进行传播推广的过程中，就会针对不同的内容选择不同的媒介组合从而达到精准投放的效果。

3. 情境互动在全媒体出版品牌战略中的应用

在全媒体出版的品牌战略中，情境互动就是运用生动形象的语言或者场景构建，给受众描绘出一幅使用产品后产生的美好图景，激起受众对于该品牌的好感度，从而建立起一个积极印象。在全媒体出版的品牌战略中，情境互动的形式可以分为直接参与情境互动和非直接参与情境互动。直接参与情境互动最直接的表现形式就是店面装修、展览展示、体验互动和直接进行交流了解品牌信息，通过受众置身其中最直观的感受来对品牌加以定义并形成刻板印象。非直接参与情境互动强调的不是受众直接参与，而是通过各种不同的表现手法，如夸张、幽默、感性等来感受到品牌属性。例如企业在进行广告宣传时除了将产品特性表现出来，还要在整个传播策略中凸显企业文化，让核心受众感受到品牌价值并产生“私人定制”的意向。

五、全媒体出版的议程互动传播

（一）议程互动的内涵及特点

1972 年，马尔科姆·麦库姆斯和唐纳德·肖提出“议程设置”理论，该理论认为大众传播具有通过提供信息和安排相关议题来为公众设置“议事日程”的功能。随着现代媒介的发展，媒介形态多种多样，各个形态的媒介通过相互组合对各种事件进行议程设置来影响大众对于该事件的看法。

议程互动过程是一个复杂的互动过程，各类因素相互交织，从而构成了事物的发展，并导致了事物发展的不确定性，当然，知道事物发展的朝向便可通过某些因素来控制它，使传播效果朝着期待的方向走。议程互动可以分为三类：媒介与媒介的议程互动、人与人之间的议程互动、人与媒介间的议程互动。媒介与媒介之间的议程互动是最普遍的议程互动形式，通过媒介之间的议程互动，公众热点议题出现双向流动和互相影响的趋势；人与人之间的议程互动主要体现在社会行为规则对人际交往的议程设置作用；人与媒介之间的议程互动使得每个享受媒介开放性、互动性的用户既是信息的接收者，又是信息的发布者。

在全媒体出版中，议程互动具有引导性、时效性和约束性的特征。议程互动的引导性体现在议程互动的过程中在很大程度上决定了人们想什么，然后通过议程互动引导人们如何想。如：微博热搜榜，榜单上出现“爆、沸、热、新”等词以及排在前列的话题会吸引用户的注意力，从而使更多的人注意到，然后通过“沉默的螺旋”改变人们的态度和行为。议程互动的时效性是指公众的注意力具有时间的变化性，议事日程也会随着时间的淡出和新的热点事件的出现而进行不断的重新排序。议程互动的约束性是指它能决定人们在想什么，主要体现在媒介议程设置的同时会表明媒介的态度，大多数人会认为这个观点已经被另一部分人群所接受，从而选择沉默或者进行附和，使舆论最终朝着议程设置的方向发展。

（二）议程互动在全媒体出版中的应用

1. 议程互动在全媒体出版平台建构中的应用

在全媒体出版的平台建构中，通过议程互动可以将角色媒体、服务类媒体等“提上日程”，用同一个内容将彼此关联起来，让用户从同一个内容中感受到全媒体出版所涉及的范围，并通过各种不同的表现形式吸引用户通过不同的媒介来了解出版内容。如：对于同一条新闻，传统媒体会采用详细报道的方式来保证自己的权威性，并且出版物集中于线下报纸、线上网站、报道视频；对于新媒体来说，对同一内容的报道方式可能有一百字以内的短消息、一张便于传播的图片、一段音频、一个搞笑视频等，产出速度要快于传统媒体。当这些与同一内容相关的不同推送形式通过议程互动展现在受众面前的时候，受众会对各个不同的媒介形成一个统一的概念，将不同形式的媒介在头脑中相连起来，共同促成用户对于一条内容的理解。

2. 议程互动在全媒体出版媒介矩阵中的应用

在媒体发展进程中，去中心化的自媒体和垂直媒体的崛起，为全媒体出版平台建立一个可控的媒介环境提供了契机。互联网技术的发展让更多的技术应用在平台管理上，这样不仅可以让每一位用户都能在安全的网络环境中自由发表言论，享受自己的表达权，而且管理平台可以通过各项技术来决定用户可以看什么，如何去看。在满足用户多样化需求的基础上，依据 PRAC 法则，建构平台管理、关系管理、行为管理和风险管理的媒介矩阵，其基本特点首先是多种角色媒体、内容类媒体、服务类媒体等多维度布点，通过议程设置将所要传播的信息分布在各类媒体中，让用户先注意到所要传播的内容；其次，针对用户需求和体验的多样化，不同功能媒介彼此分工合作，让用户对所看到的内容进行接触；最后，媒介矩阵的议程设置依据出版策划的目标和进度，统筹管理形成共振效应。

3. 议程互动在全媒体出版品牌战略中的应用

议程互动在全媒体出版品牌战略中的应用主要体现的是有目的的、引导性的议程互动设置在品牌战略中的应用。品牌传播时，一方面，我们会根据品牌的特性来选择传播的时间、地点以及根据核心受众的社会风俗和消费习惯来决定议程互动的范围要针对哪部分人群等。例如保健品“脑白金”，它所针对的受众是一些中老年人，核心受众人群所接触到的大众媒介以电视为主，对社会化媒体很少接触，因此，商家在制定品牌战略的过程中在传统媒体投入传播的比重要大于社会化媒体，这样才能最大限度地减少浪费。另一方面，我们会通过议程设置来增加品牌在大众视野中出现的次数，通过多频次提醒来促使受众进行了解、刺激消费。如“双十一”购物节、“618”的促销活动等。

全媒体出版的五种互动传播类型在互联网思维的影响下逐渐显现出新的特点，更加注重用户的感受，以用户为中心。在全媒体出版的平台构建、媒介矩阵组合以及品牌战略中不同的互动传播类型发挥着不同的作用，其根本目的在于扩大全媒体出版的传播范围，吸引更多的受众，增强全媒体出版平台的用户黏性，从而提高商业价值。

第二节　全媒体出版的价值实现路径

全媒体出版在实现商业价值的过程中同样保持着互联网时代的特色，具有无限产能的主体 IP 价值、最为基础的出版内容、范围最广的媒介矩阵、最精准的渠道营销价值以及最商业化的出版体系品牌价值。全媒体出版通过对不同价值进行内涵分析和实现路径研究来探索全媒体出版的商业价值最终呈现出的效果。

一、出版主体的 IP 价值实现

（一）IP 价值实现的内涵

传媒产业中，对于 IP 价值一直没有一个明确的衡量标准，有人将 IP 的核心价值元素总结为粉丝、品牌、故事 / 形象，但随着 IP 运营的不断成熟，全媒体出版的 IP 价值必定还会涉及更多的领域，不可能只包含这三部分。IP 运营价值在整个数字出版产业中的竞争重点已逐渐聚焦于知识产权竞争力，以内容质量、商业价值以及品牌影响力为重心的版权服务对 IP 运营发挥着支撑引导作用。[1] 围绕“内容生产—内容加工—内容营销”的全产业链 IP 运营是出版产业未来发展的关键所在。

（二）IP 价值实现的路径

在内容生产、内容加工、内容营销三个阶段中，IP 价值的实现路径分别如下。内容生产阶段是指从概念到内容形成阶段。在这个阶段中为了提高内容质量，需要进行充分的资料和数据收集以及分析拟创造的项目，为创新资源缺乏的出版平台或个人提供孵化器服务，对概念内容进行培育孵化。内容加工是指围绕前段形成的内容，对其内容、载体、传播方式等进行再次加工和改进，提升其附加价值或衍生价值。在这个阶段中主要是在内容生产完成后再通过各个平台、渠道对内容进行加工、IP 运营，加工完成之后需要对新的内容进行评估，再形成市场价值，获得商业利润和社会价值。内容营销阶段是指内容产品市场

[1] 李文丽，陈少志，潘逸尘 . 运用版权服务提升数字出版全产业链 IP 价值 [J]. 中国编辑，2018（10）:5.

化过程。在这个阶段中主要是将核心内容、二次加工的内容进行市场营销，注重产品的品牌化，在消费完成后注意收集反馈信息并对产品进行再次开发。

（三）IP 价值实现的效果

在全媒体出版时代，IP 的价值主要体现在能够产生吸金效应，能够降低投资风险，能够延伸版权产业链，能够提供优质内容。在 IP 价值实现的过程中 IP 对于出版主体的作用主要体现在全媒体出版品的内容生产、内容加工、内容营销三个阶段中。在内容生产阶段，内容质量决定 IP 价值，IP 一旦出现就能使全媒体出版平台在内容生产阶段及时获得版权保护，避免侵权事件的发生，保证内容质量并使产品顺利转移到产业链下一阶段；在内容加工阶段，IP 评估是 IP 运营的基础性工作，全媒体出版时代的特性虽然增加了 IP 价值评估的难度，但是在经过评估之后，全媒体出版平台便获得了版权保护的产品内容，可以直接进行交易，形成 IP 交易价值；在内容营销阶段，IP 价值可以辅助全媒体出版平台实现全媒体出版的品牌整合营销，保护产品顺利市场化，实现最终价值，通过 IP 价值所固有的版权优势能将产品市场价值的损失最小化，利用大数据监控等收集数据、进行分析，更进一步优化 IP 价值。

二、出版内容的传播价值实现

（一）传播价值的内涵

传播价值是在新闻传播过程中的价值体现。所谓传播价值，就是指凝聚在新闻传播事实中的社会需求，也就是新闻传播本身之所以存在的客观理由。全媒体出版内容的传播价值就是指在全媒体出版活动的过程中，全媒体出版平台通过大数据分析得出生产内容的策略，然后再由内容生产者原创或者二次创造来获得待出版的内容，在这个过程中生产出的内容可能会受到内容生产者个人价值观的影响，再经过全媒体出版平台的媒介矩阵的广泛传播使得这个出版内容中的价值观产生极大影响，对受众形成积极的传播价值或者消极的传播价值。

（二）传播价值实现的路径

全媒体出版内容的传播价值具有时效性、重要性、显著性、接近性以及趣味性等属性。时效性是指在互联网思维的影响下，各个媒体端的用户都可以作为传播者将身边发生的事件在第一时间上传到大众视野中，通过各个媒介的组合互动，将事件发酵，最后呈现在大部分人眼前，这个过程可能只有几分钟。重要性是指在海量化的信息时代，需要各个媒介平台对我们所要了解的事件进行重要性排序，以便能够先了解最重要的事情。如 2018 年改版的微博热搜榜增加了置顶的国家事务榜，便于我们随时了解国家重要的事件，了解我国的国情。显著性是指在全媒体出版平台中借助算法技术和媒介矩阵，将全媒体出版的内容根据个人需要组合到一起，针对一位用户形成一个独特的内容体系，显示出个体的独特性；接近性是指全媒体出版的内容随着用户的需求越来越多样化，涉及日常生活的方方面面。如导航、微信支付就是用最接近生活的服务价值来提升出版内容的传播价值。趣味性是指在网络世界中，用户基于趣缘性建立起一个社群，社群的参与者进行互相交流、发布信息、出版内容时所覆盖的范围首先是社群里的受众，并且这些受众属于核心受众。在趣味性的前提下全媒体出版内容的传播价值以及传播效果都有很大的提升。

（三）传播价值实现的效果

全媒体出版中的出版内容在传播的过程中会呈现出不同的形式，有文字、图片、视频、音频等，而且随着 AR、VR 技术的实现还会有更多的形式参与到传播的过程中，强化传播效果。首先，在手机时代，4G 不断普及、5G 开始试行，出版内容借助外部条件拥有了时效性的优势，这是使得出版内容获得广泛关注的优势之一；其次，根据出版内容的重要性进行排序，无论是在以报刊为主的传统媒体中还是以互联网为主的新媒体中，议程设置一直存在，将较为重要的内容放在较为显眼的位置可以使该出版内容获得更高的关注度，从而使受众对于该平台的重要性排序产生依赖，认为其对社会热点的解读有更高的权威性;最后,出版内容通过其独有的接近性和趣味性扩大了每一位用户的趣缘关系，从而使用户增强对于该平台的黏性。

三、出版媒介的矩阵价值实现

（一）出版媒介的矩阵价值内涵

媒体行业的蓬勃发展，尤其是社交媒体的崛起、App 的广泛应用，使得媒体的模块化功能整合越来越具有个性化。互联网时代，媒体线上线下结合、虚拟现实结合使传播渠道不断扩大，媒介融合不断加剧。一方面，信息的发布者不再局限于权威性和专业性的大众媒体，已经扩展到能接触到大众环境的每一位网民；另一方面，随着移动智能终端的不断普及，面向大众传播信息的门槛也越来越低，每个人既可以是传播者也可以是传播媒介，传播者和传播媒介不断融合又催生了一系列相应的互联网服务平台，来满足大众作为传播者和传播媒介的需求。这些互联网服务的普及，实现了信息传播时移动空间和时间的完美整合，将全媒体出版的媒介矩阵不断扩大。如：不少传统媒体都建立了自己的新媒体平台，并在不同的地区安排专业的工作人员进行信息采集，如梨视频的“拍客”。事件发生后工作人员会在第一时间将事件进行上传，使不同地区的用户获得第一手消息。

（二）出版媒介的矩阵价值实现的路径

全媒体出版平台的一个显著特点便是通过功能模块的整合，将全媒体出版的生产流程与产品链聚合成一个有机的媒介矩阵。全媒体出版的媒介矩阵在用户群体的聚合、用户数据收集、内容的生产与测试、出版品的多样化流通、出版延伸价值的实现等方面都起着决定性的作用。而全媒体出版整合营销的目标之一就是建立与推广全媒体出版的媒介矩阵，互联网的不断发展不仅解放了社会个体在现实生活中的需求与感观的束缚，而且将在网络的精神世界中形成单向维度的新的群体部落，全媒体出版的媒介矩阵将为特质鲜明的目标群体提供全方位的出版服务，满足部落群体的多维需求与消费。如罗振宇的自媒体平台

"罗辑思维"，它的实质就是基于互联网的社群。决定社群价值的关键不在于成员有多少，而在于它的影响力有多大。

（三）出版媒介的矩阵价值实现的效果

全媒体出版平台可通过话题引导、媒介互动、口碑营销、体验式营销等多种方式整合营销，与用户群体共同建立与之相适应的个性化、模块化的全媒体出版的媒介矩阵。多种媒介经过不同的方式组合，带给受众更多的参与感和满足感，让受众沉浸在属于自己的"专属平台"中。全媒体出版平台的媒介矩阵通过大数据的资料收集掌握用户的兴趣点，然后通过精准分发进行话题引导，将不同媒介渠道的用户通过媒介互动聚集到一个社群之中进行集中讨论。这样，用户在"沉默的螺旋"的影响下会对该话题形成一个统一的口碑，进而吸引更多的受众参与进来。最终的目的是将用户融入到整个全媒体出版的媒介矩阵之中。

四、出版渠道的营销价值实现

（一）出版渠道的营销价值内涵

互联网商业与新媒体的快速发展，使得电商渠道日趋丰富与全面。从国内最大的电商平台阿里巴巴到集商品和物流为一体的京东再到聚美、网易考拉等等，不同类别、不同服务方式的电商平台正在一个一个崛起，不断尝试着新的盈利模式。从最初的商品到后台的客服、物流以及随之产生的一系列购物节，如“618”“双十一”“黑五”等，电商平台也越来越注重用户的体验，用不同的刺激点来引起受众的购物欲望。不只是实体产品，虚拟产品也越来越受欢迎。《2018年中国传媒产业发展报告》提到，网络游戏在传媒经济GDP中贡献的比重越来越大，大部分的视频网站以及数字阅读平台都会有付费专区，知识付费意识的崛起正在使出版渠道不断扩大，营销价值也不断提高。对于视频、游戏、数字读物等全媒体出版品而言，新媒体端口与支付平台的成熟发展为全媒体出版活动营销渠道的拓展注入了新的理念与活力。

（二）出版渠道的营销价值实现的路径

关于出版渠道的营销，目前已有的销售渠道主要包括线下的传统渠道和线上的电商渠道，线下的传统渠道除了传统的书店、报刊亭之外，还出现了不少休闲书店。与传统书店相比，这类书店显示出独特优势，主要以环境幽雅、种类齐全吸引大量受众，并且以书为主体衍生出一系列周边作为营销点，如三联书店、言几又、晓书馆等都是比较成功的特色书店。全媒体出版平台在新媒体技术与互联网金融的强大支持下，在为用户群体提供多样化、个性化、便捷化的出版服务消费业务的同时也正在构建自主化营销渠道，为用户提供平台化、定制化的多样渠道模式。不论是服务出版品的会员渠道还是内容出版品的精确推送与定制渠道等，有媒介入口的地方就有渠道。

（三）出版渠道的营销价值实现的效果

全媒体出版的营销渠道的构建是用户体验与适应的过程，也是全媒体出版整合营销的目标之一。随着互联网技术不断拓展，全媒体出版渠道影响着用户的消费习惯，随着用户消费习惯的改变又开发出更多新的渠道。在优胜劣汰的市场趋势下，越能大限度满足消费者的渠道越能够得到更多的资源，创造出更优质的内容来吸引更多的用户。全媒体出版通过数据整合、关系整合、品牌整合和媒体整合等整合营销的策略，在出版内容之前充分了解受众，制定了符合市场规则的策略，运用各种关系之间的互动增强用户与用户、用户与媒介、用户与品牌之间的黏性，让用户更好地了解品牌，参与到品牌文化之中。全媒体出版平台将内容生产出来之后通过媒介矩阵进行内容分发，通过不同的媒介形式使核心受众和潜在受众都能了解到全媒体出版的内容，并积极参与与适应，各方通力合作，达到全媒体出版营销渠道建构的最好效果。

五、出版体系的品牌价值实现

（一）品牌价值的内涵

全媒体出版的品牌主要包括特质化的出版主体品牌、多样化的内容出版品牌和多维度的服务出版体系品牌。特质化的出版主体品牌是指以一种媒介形式为主体的品牌，如音频、视频、图像等。喜马拉雅 FM 就是以音频为主体的出版体系品牌，爱奇艺、优酷则是以视频为主体的出版体系品牌。多样化的内容出版品牌是指在全媒体出版平台中可以通过视频、音频、图像、文字来共同生产同一个内容，比如微博。多维度的服务出版品牌是指全媒体出版平台通过 GPS、大数据等多种互联网技术把以人为中心的多种服务通过服务出版品牌建立起一个多维度的体系，这样更能多方面地满足用户的需求。美团、大众点评等平台则是基于满足用户生活需求的服务出版品牌。全媒体出版体系的品牌价值在各自的媒介形式下逐渐具备了每个媒介形式独有的特点，用更加专业化的媒介形式来提升品牌价值。

（二）品牌价值实现的路径

相对于传统出版而言，全媒体出版品牌更具有系统性和关联性。互联网技术将线下出版的产品和线上的关联营销相结合，在整个全媒体出版产业链中增加用户的参与度，从而使用户更加了解品牌。而针对于全媒体出版品牌体系的整合营销应是长期化、体系化的营销模式，对全媒体出版品牌而言不仅仅是一个线下产品，不是让消费者在进行一次交易之后就结束消费行为，而是让消费者全程参与内容的制作过程、传播过程以及消费以任何形式产出的衍生品等。具体来说，品牌价值实现的路径包括：针对创作主体品牌与品牌联盟的口碑营销、事件营销、媒体互动营销等；针对内容出版品的用户体验与延伸消费的话题互动、病毒式营销、体验式营销等；以及针对服务出版品牌，满足用户体验与互动、实现用户创作内容的价值、建立出版的跨界融合、延伸品牌等多维度品牌价值的整合营销。

（三）品牌价值实现的效果

全媒体出版品牌的整合营销应建立在构建统一的出版品牌体系下，围绕各子品牌之间的关联性与独特性，建立体系化的整合营销策略，以实现各子品牌与统一品牌的价值最大化。如腾讯生态圈，除了社交平台之外，还有腾讯游戏、腾讯动漫、腾讯文学和腾讯影业等子品牌。各个子品牌在内容生产、内容传播和二次开发上进行紧密的结合，充分利用每一个 IP 的影响力，让每一位忠实粉丝都能通过不同的表现形式来了解该品牌，最大限度地开发其商业价值。在制定全媒体出版品牌的整合营销策略时，运用系统性和关联性的特性，让每个子品牌都在主品牌的传播价值中体现出来，同时每个子品牌之间又要相互关联、互相导流、组合营销，运用多种营销方式，让子品牌和主品牌之间相辅相成，共同提升全媒体出版的品牌价值。

在全媒体出版中通过不同类型的互动传播实现全媒体出版的商业价值，包括出版主体的 IP 价值、出版内容的传播价值、出版媒介的矩阵价值、出版渠道的营销价值、出版体系的品牌价值，不同的价值有着不同的内涵和实现路径，全媒体出版通过互联网时代中各种技术手段和商业模式的应用来获取更大的商业价值。

第三节　全媒体出版的整合营销策略

全媒体出版的整合营销是基于全媒体出版多维度出版活动的营销体系，是一种以用户为中心，以大数据技术为前提，以媒体矩阵为保障，以内容 + 服务为核心竞争力，以模块化功能整合的出版平台为依托的动态及时出版模式。根据全媒体出版的特性，我们将全媒体出版的整合营销策略分为数据整合策略、关系整合策略、品牌整合策略、媒体整合策略。

一、全媒体出版的数据整合策略

（一）全媒体出版的数据整合概念

随着大数据技术在大出版市场中的深入运用，数据整合营销将成为全媒体出版整合营销的基础策略。现代出版产品逐渐转向瞬息化、数字化、多元化，我们所能接触到的出版品不再局限于纸质类的书、报、刊，传播信息的渠道也不再是口口相传。网络信息技术的运用不仅让传统的出版品衍生出更多的数字化产品、服务于更多的消费者，而且通过大数据技术建立了与消费者直接沟通的渠道和信息反馈机制。通过大数据技术将用户的部分信息进行分析，根据分析结果来准确把握市场和消费者的心理，制做出更加符合市场规律和垂直受众的出版品，再通过大数据在不同的平台上进行精准分发。数据技术不断强化，越来越多的出版平台要求用更精确的数据来展示出不同平台的推广效果。因此，无论是在前期生产、中期传播还是后期复盘，大数据整合营销都将成为全媒体出版整合的基础策略。

（二）全媒体出版的数据整合模式

全媒体出版的数据整合营销是在大数据分析的基础上，描绘、预测、分析、引导用户群体参与互动体验、再生产和消费互动，同时也为全媒体出版平台制定有针对性的生产与营销策略提供依据。全媒体出版的数据整合营销依托全媒体出版平台内外的数据采集，以及大数据技术的分析与预测能力，为用户群体消费倾向、出版品的全媒体形式与发行策略、出版服务的功能模块整合、出版的跨界延伸策略等提供精确有效的技术支持，并为全媒体出版的品牌体系带来更高的效益。如：2017 年，腾讯提出“ONE TENCENT”、阿里巴巴推出全新的营销战略“All in One”，以及百度的“百爱计划”和 Omni Marketing 全意识营销等都是借助数据整合模式将技术、数据、产品、内容、周边等整合到一起，实现共享互通，最大限度地释放全媒体出版的能量。

（三）全媒体出版的数据整合效果

针对全媒体出版的全方位业务定制的大数据出版运营平台（可视化动态的数据分析模型）可以多维度采集用户群体的综合数据和全媒体出版活动的动态数据，通过关联性数据和出版业务指标性数据，为精确营销、互动营销、体验式营销和跨界营销等策略提供整体把握。全媒体出版平台在大数据技术的影响下更加注重每一分钱的宣传效果，“广告投入有一半是浪费的，但是哪一半您不知道。”这句话在大数据的时代中似乎不太适用。全媒体平台运用数据整合模式在制定策略之前对相关数据进行分析可以最大限度地避免违反市场规律，在进行传播的过程中运用算法技术可以进行精准营销，保证广告投入的有效率大于 50%，这对于用户的互动营销、体验式营销以及不同领域的跨界营销在整体营销中所占的比重都有很重要的指导作用，极大程度地减少了成本的浪费。在最后进行效果评估时，大数据的一系列分析数据可以有效指出全媒体出版平台在进行下一次策略制定时所要避免的问题。

二、全媒体出版的关系整合策略

（一）全媒体出版的关系整合概念

关系整合营销是全媒体出版在互联网时代社会化媒体蓬勃发展背景下的重要营销手段。互联网时代让我们所处的社会环境越来越近、越来越小，以每个人为中心的社交网逐渐让每个人之间都建立起各种各样的关系以显示自己是一个“社会人”。从原来的亲缘关系、地缘关系等线下关系到现在的以互联网为基础的业缘关系、趣缘关系等，互联网背景发展下的社会关系为全媒体出版扩展到更庞大的领域提供了更多的可能性。对于这类群体来说，群体基于互联网所形成的共鸣感会更强，群体对于出版物的期待会更高，与此同时更强调个性化的重要性。全媒体出版的关系整合营销就是一种借助互联网时代的线上、线下关系，以用户群体为主体，以消费预期与行为为导向，强调用户期望与满足的个性化整合营销模式。

（二）全媒体出版的关系整合模式

全媒体出版的关系整合模式是通过聚合的全媒体出版平台和多维的社交化媒体网络来实现营销目标。关系整合营销注重用户的参与度与体验感，具有可定制化和有极强的互动性等特点，通过多维度的出版媒体平台极大地简化了用户的消费程序，降低了营销成本，提高了用户的消费频次。关系整合营销通过全媒体出版的媒介矩阵的舆论导向、意见领袖的话题互动、服务出版品的媒介互动和口碑营销等进行亲缘关系营销、地缘关系营销、业缘关系营销、文化习俗关系营销、随机性关系营销等关系整合营销，增强用户对于全媒体出版平台的黏性。例如京东的莎士比亚系统，用户能够筛选文案，选取不同的风格类型，同时可附加“文艺风”“古文风”等筛选条件，匹配出各种不同风格的文案，不到一秒时间就能创造出上千条匹配文案，后续功能还将实现智能排版商品详情页。❶这个系统的定制化功能减少了用户的工作量，并能根据需求匹配出极具个性化的文案，降低了人工成本，对于用户来说有着较好的使用感受，在一定程度上系统简单的服务功能会成为用户反复使用的重要因素。

（三）全媒体出版的关系整合效果

全媒体出版平台通过关系整合来提高用户的关注度和黏合度，为实现全媒体出版的整合营销提供支持。在互联网技术下的社交关系中，用户在某一个平台互换联系方式并进行亲密的私人沟通，在私人情感和时间的积累下双方关系的黏合度在不断上升，受私人关系的影响，用户对于该平台的黏合度会不断上升，在此基础上对平台上的一个人的营销，可以产生双倍或者多倍的效果。通过聚合的全媒体出版平台和多维的社交化媒体网络来实现营销目标，在聚合的过程中借助全媒体出版平台的大数据支持，持续渐进地增强全媒体出版平台中的各类关系，通过各类关系之间的黏性来增强用户对于全媒体出版平台的黏性。

❶ 金定海．假设一种未来——新营销的想象与可能 [J]. 月度聚焦，2018（11）：31.

三、全媒体出版的品牌整合策略

（一）全媒体出版的品牌整合概念

全媒体出版的品牌体系主要包括创作主体品牌、内容类出版品牌和服务类出版品牌三种类型。创作主体是指作者或创作团队（出版主体），因此，角色媒体品牌分为作者品牌和创作团队品牌，如名人作家和商务印书馆、中华书局、三联书店等著名的出版强社，经过长期的经营和发展，已经形成了众多具有影响的图书品牌，其出版社本身就是一个良好的品牌。内容类出版品牌是指不同媒介形态的出版产品品牌，根据产品类型可分为文字类出版产品品牌、图文类出版产品品牌、视听类出版产品品牌等，如少年儿童出版社的《十万个为什么》等。服务类出版品牌是为满足用户多维度人性化的出版消费需求而提供给用户的出版服务品牌，根据满足用户的需求类型不同可以分为社交娱乐类出版品牌、自我展示类出版品牌、交易服务类出版品牌等多种类别，如跨越运营商壁垒、硬件壁垒和社交网络壁垒，实现了现实与虚拟世界的高效链接，还具有即时性和私密性的特点，获得了年轻人的喜爱，用户黏性极高。全媒体出版是出版活动向媒介功能与服务功能的延伸与融合，其出版品牌也形成了多维度综合品牌体系。

（二）全媒体出版的品牌整合模式

全媒体出版的品牌整合营销应以潜在和现有用户群体为对象，设计具有说服性的多种营销手段。通过对品牌的延伸、品牌的扩大、相关品牌的合作以及用一些和品牌形象相符合的角色进行联合来促使核心消费群体和潜在消费群体注意到该品牌，同时通过体验式营销、互动营销等整合营销的模式来加强用户对于品牌的黏性。在全媒体出版品牌的战略模式中，根据组织品牌和产品品牌在系统中的地位与作用来划分可以分为以组织品牌为主的模式、以产品品牌为主的模式和混合型模式三种；以各个子品牌在品牌系统中所占比重来划分，有核心品牌领先模式和多品牌并重模式；还有全媒体出版跨界的品牌合作模式，例如宜家。在实现用户群体的出版服务消费的过程中，全媒体出版的品牌整合营销也成为用户群体表达个人价值、审美品位同时满足认知需求、娱乐需求、社交需求与自我实现等的一种载体和媒介。

（三）全媒体出版的品牌整合效果

全媒体出版的品牌整合营销通过品牌延伸策略、多品牌策略、合作品牌策略以及角色媒体品牌联盟策略等多种营销手段建立用户群体对品牌体系的忠诚度。品牌延伸，是品牌经营的一个重要组成部分。在对品牌 IP 价值的阐述中，我们了解到一个 IP 的出现会带动很多产业的发展，例如迪士尼的卡通形象。迪士尼将米老鼠、白雪公主等卡通形象进行授权从而衍生出一系列迪士尼周边产品，这些周边产品的利润要远远大于迪士尼的影视产业的产值。在全媒体出版中，出版产品同样也可以将品牌进行整合开发衍生产品，从而扩大内容的影响力，提升品牌价值。多品牌策略是指在主品牌旗下发展出子品牌，通过子品牌之间的关联性以及子品牌和主品牌之间的系统性提升品牌整合的效果。合作品牌是指全媒体出版的跨界整合策略，将各大品牌进行强强联合，用极富创意的合作模式吸引受众了解品牌文化。如日本著名建筑师原研哉和无印良品、海尔等品牌主办的未来生活设计展，让每个观看展览的人都感受到未来生活的设计感，同时对于合作的品牌也有极高的好感度。角色媒体联盟是指在以往的出版行业或者媒体行业，名作者或者名主持人带来的品牌效应是有目共睹的，不同的角色经过长时间的角色塑造，在受众的心中形成刻板印象，当具有相似刻板印象的角色媒体进行联合时就会加强品牌的传播效果。

四、全媒体出版的媒体整合策略

（一）全媒体出版的媒体整合概念

全媒体出版平台提供了多种类型的媒体平台，包括：以创作主体、意见领袖等的社会角色为主的自媒体；多媒介呈现的内容出版品媒体，如游戏、视频、数字阅读等；综合出版服务的媒体平台，如类似视觉中国、有妖气、豆瓣等。夏晓晖在《整合营销——媒体从平庸到优化的引擎》中提出，媒体整合营销的前提是明确差异化的品牌价值优势，媒介整合营销的启用要以个性化的品牌价值为核心展开营销，媒介整合营销的力量必须得到媒体内部的战略支持；媒体整合营销的价值是品牌价值链提升竞争优势；媒体整合营销的落地要整合各方面资源为客户创造价值；整合营销的最终目的是通过统一媒体的所有行为，使之能围绕一个主题，占领客户的心智资源，从而造就媒体的相对竞争优势。[1]

---

[1] 夏晓晖．整合营销——媒体从平庸到优化的引擎 [J]. 广告大观（媒介版），2006（3）：8.

（二）全媒体出版的媒体整合模式

全媒体出版平台的媒介整合营销不仅能够充分利用全媒体出版平台的多维化媒介形式进行自主有效的营销推广，而且其出版品（尤其是微出版品本身）就是媒介营销，尤其是社会化媒体营销的内容与话题。如国内青春文艺爱情动画《我是江小白》由江小白与两点十分动漫联合推出，播出三个月内，B站9.6分，豆瓣8.1分，全网总播放量过亿。其中大火的不只是江小白，还有由“房东的猫”演唱的主题曲《云烟成雨》，随着动画的热播和歌曲不断上榜，演唱主题曲的歌手也渐渐成名，参加演唱会吸引了不少粉丝。在《我是江小白》这个出版内容中，无论是动画人物还是主题曲都是全媒体出版物，在传播过程中各个媒介形式相互组合，无论是动画还是歌曲包括演唱者都为整个出版物的传播带来了不少的流量。

（三）全媒体出版的媒体整合效果

通过全媒体出版平台内外的媒体互通与整合营销，以有效的话题引导目标受众进行病毒式传播，同时有助于舆论的形成与控制，是全媒体出版整合营销的重要手段。通过多维化的媒介形式进行自主营销推广，将不同的媒体形式相结合进行互动沟通，满足受众对于同一内容不同媒介形式的需要，最大限度满足受众的需求，加强受众的体验感，同时通过各个媒介之间的整合营销，可以对舆论进行控制，通过议程互动来把握舆论方向，引导受众朝着我们所需要的方向进行互动交流。

在全媒体出版的互动传播模式中，通过对全媒体出版的关系互动、符号互动、媒介互动、情境互动和议程互动五个互动传播类型的了解以及全媒体出版的价值实现、路径出版产品的IP价值实现、出版内容的传播价值实现、出版媒体的矩阵价值实现、出版渠道的营销价值实现、出版体系的品牌价值实现的分析，我们提出了全媒体出版的整合营销策略，主要包括全媒体出版的数据整合策略、关系整合策略、品牌整合策略和媒体整合策略，并进行了概念探讨、模式研究和效果分析，希望互联网思维下的全媒体时代能探索出更加全面的商业模式来创造更高的商业价值和社会价值。